共に創る
対話力

グローバル時代の対話指導の考え方と方法

多田 孝志 著

教育出版

はじめに

あらゆる教育活動は、事実として子どもたちの成長に資するとき意味をもつ。このことを信念として対話指導研究を継続してきました。

これまで小・中学校、高校に勤務する仲間たちと「聴く・話す・対話する」の学習について実践研究してきました。また筆者自身、全国各地をめぐり、小学生、中学生、高校生たちに対話を指導する授業を実際に行ってきました。勤務する大学、大学院では、日々、学生たちに対話の楽しさを実感させるための対話型授業に取り組んでいます。本書では、そうした実践研究から生み出された「一人ひとりの子どもたちの対話力を伸ばす」教育実践上の叡智や具体的な手法を紹介しています。

タイトルの「共に創る対話力」は、厳しい現実や意見の対立を直視しつつも多様な人々と協働し、新たな知恵や解決策を共に創ることのできる対話力を提唱していく姿勢を表しています。サブタイトルは「グローバル時代の対話指導の考え方と方法」としました。いま、地球時代・多文化共生社会が現実化していています。そうした社会変動の中で、対話のあり方も変わりつつあります。本書では、対話の基本的機能を基調におきつつ、時代に対応した対話のあり方について検討し、具体的な指導法を記していきます。

＊

本書の主張は、おおむね以下に集約できます。

・指導者が対話について認識を深めていくことなくして、子どもたちへの効果的な対話指導はできない。

・子どもたちの実態を把握し、その実態に対応した対話指導でなければ一人ひとりの対話力を伸長させることはできない。

・意図的、系統的な指導を継続すれば、どの子の対話力も高められる。このためには、「対話スキルの習得」「対話型授業の展開」「対話的雰囲気の日常的な醸成」の三位一体の実践が有効である。

・子どもたちが生きていく世界を展望するとき、地球時代・多文化共生社会に対応したグローバルスタンダードな「共創型対話力」を高めることが必須である。そのためには、異見や対立のある現実を直視しつつ、叡智の結集や合意形成をめざす、多層的、多元的、多目的な対話を数多く体験させておく必要がある。

本書は、六つの章および付録により構成されています。

1章「対話とは何か」では、対話の概念を説明します。また、日本の子どもたちが公的な対話場面でとかく「沈黙してしまう」要因について考察します。さらに共創型対話の必要性を提言します。

2章「対話力を高めるポイント」では、聴く力、話す力、対話する力を高めるために指導者が心得ておくべきポイントについて記し、具体的な指導方法を紹介しています。

3章「グローバルスタンダードな対話としての『共創型対話』の提言」では、グローバル時代に対応した「共創型対話力」の重要性を示し、そうした対話力を育成するための基本的な考え方と具体的な手だてを述べています。

4章「子どもたちが夢中になり、語り合う対話型授業を創る」では、子どもたちが本音で語り、相互に高まっていける、さまざまな形態の対話型授業について詳記しています。

5章「対話指導名人への道」では、対話の指導技術を高めてきた若手・中堅・ベテランの教師たちの実践、学校全体を対話的な環境にした先導者たちの歩んだ道をたどり、そこから、対話指導名人に向かうための姿勢や手だてを考察していきます。

6章「国際現場最前線での対話体験記」では、世界各地に長期に滞在し、現地の人々と交流してきた若い人々の体験記を紹介し、生きた・役にたつグローバルスタンダードな対話力について認識を深めていきます。

付録には、対話力を高めるための多様なコミュニケーションスキルを紹介しています。

＊

本書を記さずにはいられない気持ちになった筆者の心の底流には、教育界の閉塞感を打破し、希望ある伸びやかさをもたらしたいとの思いがありました。

いま、教育現場はその深部で不気味な地殻変動が進み、崩壊の危機を迎えているように思われてなりません。各地の学校を訪問してみますと、先生方の勤務時間の長さ、雑務の多さに驚かされます。身勝手な保護者からの理不尽な要求への対応もあり、教師の心身の疲れは限界に迫っているように見受けられます。使命感の高い教師にとくにその傾向が顕著です。教師から子どもと対する時間、自己研鑽する時間が奪われている状況に、怒りさえ覚えます。

なにより気にかかるのは矢継ぎ早の教育改革が学校現場の教師から自信と精神的なゆとりを奪っている現状がみられることです。競争・評価・説明責任などの市場原理の過度の導入により教育格差が進行し、本来、精神的自由が尊重されるべき教育の自主性・自律性が奪われ、管理・統制の強化へと逆行しているようにみえます。こうした状況は、教師から伸びやかさを奪い、教師を疲弊させ、限界感・絶望感さえもたらし、余計なことはするまいとの「縮み思考」に追いやっているように思えてなりません。

一方、子どもたちにもまた悲しむべき状況が進行しています。自己肯定感を喪失し、人間関係に苦手意識をもつ傾向が顕著となってきています。仲間はずれをおそれ、自分を出さず、透明な自分を演じ、表面的には仲よく振る舞うが、実は脆い人間関係が支配する教室の雰囲気を、知人の若手教師は「静かな崩壊が始まっている」と表現しました。この言葉の意味を深く考えると、慄然たる思いがします。「静かな崩壊」は、家庭・地域にも広がり、子どもたちが社会に生きる人間としての基礎的教養を育む場が喪失しているのです。経済危機に端を発した社会不安の蔓延を背景に、途絶・分断による教育崩壊が、いま間近に迫ってきているように思えてなりません。

＊

筆者はこうした時代であるからこそ、対話力を高める学習が大切だと考えています。対話力を高め、活用することにより、子どもたちは学ぶこと、仲間と協働することの楽しさを実感していけるからです。「学ぶ」とは「世界」が変わること、「自我」が変わること、自己の成長を自覚することです。そこに学ぶことの楽しさが生まれます。対話を活用した学習では、子どもたちは、自己の内面にある思い、発想、感想を表現します。また他者のそれを聴き取り、対立や異なる意見をむしろ生かしつつ相互啓発し、新たな何かを共に創っていきます。そこに共に学ぶことの楽しさが共有され、相互理解が深まり、相互信頼が醸成されていくのです。なにより大事なことは、そのプロセスで多様な人々と「かかわる・つながる」よさを実感できることです。それは、他者を尊重することによってこそ自己の幸福をもたらす、ということが自覚できる市民を育成していくことにもつながるのです。

＊

対話を活用した学習を創り出すこと、それは実は教師たちをも成長させていきます。「教える」とは「共に育つ」ことです。子どもたちの成長を願い、対話力の向上をめざす指導法の研究を進める――この努力の継続は、教師自身の実践力を高め、また人間としての広さや豊かさをもたらします。なによりも得がたいのは、教育の主体的な担い手としての自信と誇りの復権です。

教育は未来をつくる創造的な営みです。その営みは、全国各地で地道な実践に取り組んでいる多くの教師たちの対話指導の実践力が高まることによってこそ、具現化していくと信じます。

本書は、教育現場で日々、地道な教育実践を進めている人々へ応援・励ましの思いを胸に執筆しました。読みながらご自身と対話し、「なるほど」とか、「これならやってみよう」と思っていただける箇所がいささかでもあれば、うれしく思います。

多田孝志

目次

はじめに

1章　対話とは何か——1

1　対話とは　3
2　人間形成と対話とのかかわり　10
3　子どもたちはなぜ対話できないのか　13
4　共創型対話の提唱　24

2章　対話力を高めるポイント　32

1　心理的抵抗感の払拭　35
2　対話技能を高める　46
3　対話の醍醐味を感得させる　59

3章　グローバルスタンダードな対話としての「共創型対話」の提言　75

1　グローバルスタンダードな共創型対話力への模索　76
2　グローバルスタンダードな共創型対話力を高める　84
3　学校でグローバルスタンダードな共創型対話力を高めるために　98

4章 子どもたちが夢中になり、語り合う対話型授業を創る 111

1 豊田市立下山中学校の実践研究 112
2 対話型授業を創る 118
3 子どもたちが夢中になり対話する授業 138

5章 対話指導名人への道 153

1 どのようにして若手教師たちは対話指導の達人への道を歩んでいったか 154
2 中堅・ベテラン教師たちの対話指導名人への歩み 166
3 どうしたら学校に対話的環境が醸成できるか 186

6章　国際現場最前線での対話体験記 198
付録　対話力アップスキル 229
おわりに

1章 対話とは何か

二〇〇八年六月、青森県立青森東高校で二三人の生徒たちにコミュニケーションの授業をしました。その数日後、生徒たちから感想文が送られてきました。

「先生が出された『自然のライン』という課題について、みんながさまざまに受けとめてスピーチしたのに驚きました。また、一〇人と握手する等の体験を通してコミュニケーションの大切さを理解できました。先生のおっしゃったとおり、握手するたびに、相手の温もりや息づかい、表情が伝わってきて、つないでいるこの手もひとつの『ライン』なのかなと思いました。先生の授業を受けて、いろいろなことをもっと学びたいと思いました。こんなに心がひきつけられたのは初めてだったし、コミュニケーションは果てしないと感じました」

「いままで、グループでの話し合いでは、一言も話してくれない人がいたり、あまり目を見て話してくれない人もいたりして、少し心が傷ついていました。私は外国人と会話するより、日本人、同じ地域の人と会話することのほうが難しく感じていました。それは相手にどう思われるか気になっていたからだと思います。けれど今日はグループで話し合って、みんながいろんな意見をもっていることに気づくことができました。自分の意見をきちんと受けとめてもらえると、ほっとしました。先生のお話はとても興味深いので、ぜひ先生のもとで勉強してみたいと思いました。もっと時間があればよかったと思うほど楽しかったからです」

これらのコメントには、ときには傷つくことがあっても、恐れを克服し、勇気を出して自己表現すること、友達と対話することの喜びが記されているように感じました。

これまで、さまざまな地域で、小学生や中学生、高校生たちに対話の授業をしてきました。その授業の中で、寡黙な子が思わず発言したり、話し合いが混沌となったとき、やがて新たな発想から提言する子が出てきたりするなど、子どもの成長が実感できる場面が数多くありました。

対話力を育むことは、このような、子どもたちの内在する能力を引き出し、仲間とかかわり、共創していくことの喜びを感得させることにつながるのです。

それでは、対話とはどのような活動と受けとめたらよいのでしょうか。本章では、対話とは何か、その概念を明らかにすることから書き進めることにします。

1 対話とは

本書では、「対話」を話し合いの一形態ということではなく、より広い概念でとらえ、自己との対話、一対一のみならず、複数以上の参加者による話し合いも「対話」とします。

■対話の機能・特色

それでは、対話とは何か、その機能・特色について検討してみましょう。

対話の機能の第一は、情報の共有（互恵）です。この情報には事象（出来事）・状況、統計資料などの「事実」と、話者が推論（inference）、断定（judgment）したこと、すなわち事実そのものと、「彼はよい人だ」「あのことは間違いだ」といった、伝え手の「感情」や「思考」が加味されたものとに大別できます。

第二は、「共創」、すなわちさまざまな意見を出し合い、新たな考え方や解決法を共に創ることです。たとえば「人としての生き方」について共に思いをめぐらし語り合う、また「地域をバリアフリーにする」といった具体的な問題について対策を出し合うといったことです。共創に重大な意味をもつのが「開放性」「多様性」「柔軟性」です。共に創るためには、参加者各自が当事者意識をもち、自分を開き自己表現することが必要です。また多様なものとの出あいは、対立や混乱を生起させますが、そこから、新たな知見が生み出されます。だからこそ、多様なものを認め、尊重する柔軟な姿勢をもつことが大切なのです。

第三は、人と人とのかかわりづくりです。対立や異なる意見をむしろ生かして対話することにより、相互理解が深まり、相互扶助が生起し、さらに創造的・発展的な関係が構築されていきます。この際、大切なのは、「寛容性」です。自分とは相容れない意見でも、それらを排除せず、完全な理解はできなくても、少しでも受け入れようとする心情をもつことです。こうした寛容性を互いに持ち合うことが、創造的な人間関係を築いていきます。

対話の特色は「相互的な関係」と「変化・継続」に収斂できるでしょう。対話では、話し手は聴き手を意識し、聴き手は話し手に共感したり、納得したり、反発したりしつつ相手を受けとめていく、また両者は絶えず入れ替わりつつ「変化・継続」していきます。話し手は、聴き手の反応により、話の内容や表現方法を変化させ、聴き手は、話し手から受ける影響により、新たな自分の考えや感情を再組織していきます。筆者は、この自分を再組織していくことが、対話においてきわめて重要なことと考えています。相手の発言に納得し、また啓発されたら、自分の考えを再組織していく柔軟さが、対話を充実させていきます。そうした意味で、対話は常にプロセスなのです。こうした変化の継続こそが、対話の特色です。

以上の考えから、対話とは「話し合いの一形態ということでなく、より広い概念でとらえ、多様な他者とかかわり合い、新たな知恵や価値、解決策などを共に創り、その過程で良好で創造的な関係を構築していくための言語・非言語による表現活動」と概念規定しておきます。

■対話をするときの基本

それでは、対話をするときに、どのようなことを基本的に心得ておいたらよいでしょうか。とくに重要と思われ、また日ごろから学習者たちに伝えている三点を記しておきます。

(1)　対話の基本は応答

世界のどの地域でも、相手が伝えようとしていることに対して、きちんと受けとめていることを言葉や態度で示すことが最も基本的なルールです。具体的には相手の言うことをしっかり聴くことです。また、質問する、感想や自分の考えを率直に言うといったことです。短くてもよいから、とにかく言葉に出して応える習慣を身につけることが大切です。ときには、うなずきやあいづちでもよいのです。相手が語りかけているのに何も応答しないことは、相手を無視したと受けとめられ、失礼な態度だと思われかねません。

子どもたちには、こうした応答の大切さを伝えておく必要があります。筆者は年度の初めなどの授業のスタート の折、「この授業の約束は、まず聴くこと、そして聴いたことに反応することだ」と言うようにしています。また授業の折節に、「聴いている人の真剣さが、話し手を勇気づけている」「語っている人だけでなく、聴いている人の態度が話し合いの充実に大切なのだ」と、真摯に対応することの大切さを語っています。

(2) 理解し合うことの難しさを自覚しておくこと

日本人同士でも、対話によって相互理解をするのはなかなか難しいことです。どの人にも「いくら話してもわかってもらえなかった」という体験があるでしょう。ましてや文化の異なる人との対話では、完全な相互理解はほとんど無理だともいえるでしょう。大切なのは、そこであきらめないことです。そのときこそ工夫が必要となってくるのです。

相手とは完全に理解し合うことは困難だ、しかしそうであっても、相手の伝えようとしていることをできるかぎり聴き取ろうとし、自分の伝えたいことをわかりやすく伝える工夫をしていく。こうした作業を粘り強く繰り返すことによって、少しずつであっても互いの理解が深まっていきます。そうした姿勢は相手にも感じ取ってもらえます。それにより、意見は違うがあの人は誠実な人だという信頼感を得られることが多いのです。

筆者は、自分の言っていることが誤解された、なかなか伝わらないと嘆く学生たちに、「簡単には相手に自分の伝えたいことを的確に伝えることはできない。だからこそ、順序を考えたり、データや事例を引用したりする工夫が必要なのだよ」「ときには時間をおいたり、繰り返し語り合うこともしてみるといい」と、理解し合う困難さへの覚悟と、工夫の大切さを助言しています。

(3)　批判や反対意見を恐れないこと

批判されたり、反対意見を言われたりしては、心が落ち込みます。しかし、よく考えてみると、自分の意見に反対された、批判を受けたということは、自分の意見に価値があることを認めてくれたということなのです。だからこそ、きちんと考え、反応してくれたのではないでしょうか。

カナダの高校で授業をしていて気がついたのは、よい発表や提言には、さまざまな批判や質問、反対意見が出てくるということです。発表・提言者も、批判や質問に答えることにより、自分の考えを、さらに詳しく伝えることができます。こうしたやりとりが話し合いを深め、広げていきました。

勤務校では外国語学部に所属していましたが、昼食時の先生方との懇談が楽しみでした。欧米の大学に留学した体験がある人たちが多数いて、よく日本と欧米のコミュニケーションの違いが話題になりました。英国留学経験の長かった言語学の先生が、「英国の大学では、批判は相手から反論があることを前提にすることを知った」と語ると、同じく留学してきたマザーグース研究者が「批判によってこそ論議が深まることをお互いに共通認識している」と言うのです。批判はむしろ好意的な行為であり、批判によってこそ論議を深めていく風土があるのだということでした。筆者のカナダでの滞在体験からも共感できることでした。筆者は、こうした批判のよさも折にふれ学生たちに語っています。すると少しずつ、批判的な見解を出す学生たちが出てきました。その機会をとらえ、論議の深まりを実感させると、批判をされることも、することも恐れない傾向が出てきました。

なかなか難しいことですが、批判や反対意見を恐れず、むしろそれらを出してもらうことにより、自分の視野が広がり、考えを深める機会を得ることができる、そう思える感覚を身につけることが大切なのです。

批判による共創がもたらしたハーモニー

率直な意見交換が学習効果を高めていった事例を紹介しましょう。

東京都葛飾区立奥戸小学校（灘淳一校長）では「心豊かな児童の育成——コミュニケーションのとれる奥戸の子をめざして」を研究テーマに二年間にわたり実践研究を継続してきました。筆者はこの学校の研究に、共に実践を創る仲間として継続してかかわってきました。

研究発表会当日、奥戸小学校の体育館には、五・六年生の二部合唱『青い竜』の歌声が響いていました。子どもたちは、指揮者を見つめ、伸びやかに歌っていました。全員が集中し、心を合わせて歌う姿に、会場に参集した人々は聴き入っていました。

心打つ合唱の秘訣が聴きたくて、反省会の折に、担当した田村理香先生にどのような指導をしたかをうかがうと、次のような手順による意図的な指導の成果であることがわかりました。

①子どもたちが声を出しやすい雰囲気づくりをした。このため、できるだけよい点をほめた。
②学年別の練習では、子どもたちに、もっとよい合唱にするために気づいたこと、感じたことを発表させた。なかなか発言しなかったが、数人でも発言するとそれを取り上げ、練習に生かした。やがて発言者が増えてきた。
③合同練習をした。最初は互いに遠慮していたが、やがて活発に意見や提言が出るようになり、六年生が五年生の指摘を受け入れる雰囲気ができた。
④「学年をこえて響き合う歌声をテーマに、仲間と感じ合う」という合唱の目的を繰り返し子どもたちに伝えた。
⑤練習は厳しくしたが、よい点は意識してほめるようにした。
こうした手順で練習を継続していくうちに、「子どもたちの心がだんだんひとつになり、合唱としての質も高まってきました」と、田村先生は語ってくれました。率直な批判をし合うことが、あの見事なハーモニーを生み出していたのです。

2 人間形成と対話とのかかわり

対話は、人間の成長にも大きな役割を担っています。人間は他の動物に比して、他者とのかかわりによってこそ成長していくことは、さまざまな研究の成果や教育現場での現実が示しています。

■人間形成と対話とのかかわりについての先行研究

人が他者や事象などさまざまなものとのかかわりの中で生きていることは、先達の説くところです。釈尊の解脱（さとり）とは「このすべての世界のすべてのものはつながっているとの境地に至ること」（西山厚『仏教発見』講談社 二〇〇四）でした。また、教育学者J・デューイは、「個々の人々が他の人々とともに、或る共同行為に参与するだけそれだけで教育効果をもたらす」（帆足理一郎訳『民主主義と教育』春秋社 一九五九）と述べ、教育の根源は他者とのかかわりにあることを指摘しています。

人間関係の形成と対話とのかかわりをテーマとした哲学者には、対話を通した人間形成における教育の役割の重要性を説いたマルチン・ブーバー（植田重雄訳『我と汝・対話』岩波書店 二〇〇八、吉田敦彦『ブーバー対話論とホリスティック教育』勁草書房 二〇〇七 参照)、「人間の運命は、人々が集まって対話することを学び、そしてそれが責任ある大きな課題であり、われわれすべては、生活の如何にかかわらず、毎日その課題に直面しているのである」(浜田正秀他訳『O・F・ボルノー講演集』玉川大学出版部 一九七三)と述べ「対話への教育」を提唱したO・F・ボルノー、「自由への教育」の提唱者ルドルフ・シュタイナー(西川隆範訳『人間理解への教育』筑摩書房 一九九六)、「言語とは本来、一方から他方へと受け渡されるようなものではありません。それは連続しているのです。しかも絶えざる生成の連続しえるものです」(北岡誠司訳『ミハエル・バフチン著作集』新時代社 一九八〇)と記し「対話は共存・共起である」ことを指摘したミハエル・バフチンなどがあげられます。

わが国においては、林竹二氏がソクラテス的対話を提唱し、森昭氏がコミュニケーションこそが人間を人間として育み、他者とのかかわりをも形成していくことを指摘しています。筆者は森昭氏の「人間の集団生活あるいは共同社会(community)は、他の動物のように自然に存在するものだけではなく、文化という共通のもの(common things)を媒体とする広義なコミュニケーション(communication)を通じて、存続している」(森昭『人間形成言論』黎明書房 一九七七)との見解に深く共感し、また、森氏のさまざまな論考を読み、多くの示唆を受けました。

■対話に関する研究の広まり

対話にかかわる研究を概観してみましょう。対話を活用した学習方法に関する研究は、西尾実、倉沢栄吉、田近洵一、桑原隆、村松賢一、有元秀文、藤森裕治等各氏の主として国語教育関係の研究者たちにより推進されてきました。これらの研究は「聞く、話す、話し合う」との言語活動が話者と聞き手の相互関連により成り立っていることを明らかにし、また対話能力を高めるための手だてを開発していきました。

一九九〇年代後半以降になると、異文化間理解教育やグローバル教育、国際理解教育の視点から、地球時代・多文化共生社会の到来を視野に入れた対話研究もなされるようになりました。

二一世紀をむかえ、多文化共生社会の現実化に対応して言語のバリエーションや言語を通して起こる問題の解決を研究テーマとする社会言語学の研究が進展し、多言語・複数言語社会における言語の役割を明らかにしています。仏教やイスラム教における瞑想についての研究、また、ロボット工学、脳医学、生物学等の立場からの対話研究も注目されます。日本国際理解教育学会は二〇〇九年六月の研究大会（同志社女子大学）の特定課題研究「ことばと国際理解教育」において、ことばと文化との関係、ことばそのものに内在する身体性や音の力なども注視し、多言語が相互に交錯する今日的状況の中での「ことばと国際理解教育」の関連について論議を深めました。

こうした対話にかかわる研究は、言語を活用して他文化への理解を深め、批判的に受容し、多様な他者と共に新しい文化を創り出すための手だてとしての対話の重要性を指摘しています。

3 子どもたちはなぜ対話できないのか

対話は人間の成長、人間関係の形成に重要な意味をもつことは論をまちません。しかし子どもたちの実態は、対話への苦手意識をもつ子が多く、しかも増加しています。

■子どもたちの現状と対話

鹿野敬文氏は、筆者の実践研究の仲間であり、彼との対話は人生の楽しみのひとつです。その鹿野氏は、長く高校教師をしてきた体験から「若者の心の空洞化にどう対応するのかが、現代の教育の最大の課題である」と語っていました。高校から名門大学に進学しても「心の空洞化」があり、いったい大学で何を学び、自分の人生をどのように生きていったらよいのかがはっきりせず、漠たる不安を抱く受験エリートたちが増加しているというのです。鹿野氏は「いまの若者は進学のための狭義な教養は身につけても、人間関係や社会的視野を含む広義な教養を学んでいない」「対話をむしろ忌避する高校生が増加している」と述べていましたが、首肯することしきりでした。

文化人類学者川田順造氏は、「聴いて受け取るのでなく、自分から表現する意欲――それは現代の子どもに失われつつあるのではないか。受け取る情報は、インターネットなどで過剰なくらいかもしれない。だが『インフォーム』in-form（形にあてはめる）だけではなく、『パフォーム』per-form（形にしてゆく）の大切さが忘れられているのではないだろうか」（川田順造『人類の地平から』ウェッジ 二〇〇四）と記し、国語教育の研究者田近洵一氏は、「人から無視されたり、いじめを受けたりしているから、人と話したりかかわったりするのを避けるというよりも、人とかかわろうとする意欲が無く、自分からコミュニケーションを閉ざしてしまう自己疎外型の子どもが問題となっている」（田近洵一『子どものコミュニケーション意識』学文社 二〇〇二）と述べています。

鹿野氏の指摘や川田、田近両氏の見解は、社会に生きる人間として他者との関係を構築していく上で重要な役割を担っている対話が子どもたちの世界から衰退していることへの問題提起であり、筆者の同感するところです。

■日本の子どもたちはなぜ公的な場で発言できないのか

対話指導を実践研究しはじめて以来の根源的な問いは、「日本の子どもたちはなぜ公的な場で発言できないのだろう」ということでした。考え続けて到達した主な要因は、次の三点でした。

(1) 心理的な脅威と対話技能の無さへの不安

第一の要因は、心理的な脅威と対話技能の無さへの不安です。日本の子どもたちは、公的な場での発言に消極的です。自分本位な語りはできても、論議によって話題を深めていく場面になると、黙り込む傾向があります。さまざまな場面での子どもたちの様子の観察からは推察できることでしたが、客観的なデータも必要と考え、次のような調査をしてみました。

調査名　「児童・生徒・学生の対話力向上を阻害する要因に関する調査」
調査対象　小学校五・六年生：一八五名　中学校三年生：一〇三名　高校三年生：一〇八名
　大学生：二一三名　大学院生：五五名
調査方法　アンケート用紙による質問方式と自由記述
調査実施期間　平成一九年七月一〇日〜三〇日

（目白大学『高等教育研究』第一四号 平成二〇年三月）

この調査では、スピーチ・ディベート・対話体験の有無や頻度、対話への意識など一二項目の質問をしました。その中で、対話で発言することへの苦手意識をもつ要因が浮かび上がってきました。その第一は「カッコつけていると言われたくない」「失敗したら笑われる」「相手に反対したら人間関係がまずくなる」「みんなが真剣に聴いてくれそうもない」といった心理的な圧迫感があることでした。こうした怯えが心理的な圧力となり、子どもたちは、無難な黙り込みを続けているのでした。第二は「どのように言ったらよいかわからない」「いつどこで発言してよいか戸惑う」といった対話の技能がないことへの不安でした。調査結果によれば、対話で発言することを恐れる心理は、中学生にとくに顕著ですが、小学校高学年でもすでに傾向は出てきています。

脅威と好機

これまで毎年のように、米国、豪州、ニュージーランド、英国へ出かけ、学校の授業を参観してきました。こうした欧米諸国の授業では、子どもたちが積極的に発言します。子どもたちは発言の機会を好機ととらえているように感じられました。カナダの高校の教師をしていたとき知ったことですが、生徒の成績の重要な評価項目に「授業への貢献度」との一項がありました。生徒たちにとって、授業中の積極的な発言は、授業への貢献度をアピールする機会であり、また、疑問を解決し、学習を深化させるチャンスであるという意識があるように感じました。

一方、日本の子どもたちは、発言することを脅威ととらえる傾向があるようです。カナダから帰国後、日本の高校の教師に復帰したのですが、授業中の廊下を歩くと、教師の声しか聞こえず、また生徒が黒板の文字を写してばかりいる姿に、欧米諸国と日本の高校との授業の違いを痛感したことを思い出します。

(2) 比較効率重視・正解主義の弊害

日本の子どもたちが公的な場で発言できない第二の要因は、日本の学校教育に根強い比較効率重視と正解主義にもあるように思えてなりません。

こうした授業では、数字や文字の操作能力や記憶力の高い子どもが優秀児とされがちです。一方、さまざまに思いをめぐらしていて即答できない子、ユニークな発想をする子が能力を発揮する場面が少なくなります。授業参観をしていると、挙手する子が限られている授業をよく見かけます。発言しない子たちをそれとなく見ていると、発言したいのに自信がなく手を挙げられないでいるようすや、まったくあきらめて時間を過ごしている状態が見てとれ、励ましの声をかけてやりたくなります。

人の能力は多様なはずです、計算や記憶は苦手でも、思いやりがあったり、当番活動など地道な活動をしっかりやったり、発想が豊かだったり、虫や草花に詳しかったり、さまざまな子たちがいます。一斉画一型、知識伝授型、正解主義の授業は、いわゆる基礎学力の定着には効果的です。しかし、計算力や記憶力を偏重する授業ばかりでは、そうした学習に自信のない子どもたちは劣等感を抱き、自分のよさを出せず、沈黙してしまいます。まれに対話場面を設定しても、自信がなく、恥をかくのを恐れ、自分を守るため自己表現をせず、閉じこもってしまいます。

スポーツが好きな筆者は、学習をボーリング型、テニス型、ラクビー・サッカー型に分類しています。ボーリング型では、自分の技能を磨き、他者よりも得点を上げることが勝利につながります。テニス型では、さまざまな打球を打ちつつ、他者とのやりとりの楽しさが味わえます。ラクビー・サッカー型では、個性をもつ選手が仲間とパスをつなぎながらゴールをめざします。試合が終われば「ノーサイド」となり、相手を称えます。筆者はテニス型、サッカー・ラクビー型の学習を学校教育に持ち込むことが、対話力育成の効果を高めると考えています。

学習論の視点からは、定型型の授業だけでなく、非定型型の授業の重視を奨励していきます。定型型とは、いわば解答が決まっている学習です。知識の伝授—記憶を重視したTeaching-Learning型学習といえるでしょう。年号、漢字、単語の記憶、計算方法などはその例です。わが国の学校教育は伝統的に、知識の伝授を主目的とした定型型の学習を重視してきました。比較効率が重視されるBad（減点）主義の色彩が強く、入試問題の大半は定型型学習による習得型学力を対象にしているといえます。

他方、非定型型学習は、活用型学力、探究型学力の向上を意図します。「引き出す」こと、「探究する」ことを重視したEducation-Study型学習です。具体的には答えの決まっていない問題・課題を追究していく。たとえば「この町のよいところを見つけよう」「地球温暖化を防ぐために自分たちができることを考え、行動する」等が課題となります。教師は学習者の発想や表現を推奨するGet（加点）主義の姿勢を大切にします。こうした非定型型授業の展開の過程では、対話が不可欠です。しかも多様な視点からの意見が学習目標の達成に大切となります。

対話による、異なった意見のぶつかり合い、多様な知見、資質・能力の融合が、創造を生起させます。そこに、対話することの喜びがあるのです。こうした対話の喜びを数多く感得させるためにも、授業の改革は大切なのです。人間が生きることの価値を単一の尺度ではかり、優劣を決めるという、現代日本の子どもが偏差値教育の中で刷り込まれてきた思考を打破する、学校教育の根源的転換が求められています。このためには、学校生活の場において、多様なものとの出あいの場、共同作業・対話場面を意識的に設定する必要があるのです。

(3)　直接対話体験のなさとケータイの蔓延

第三の要因は、直接対話体験のなさとケータイ（携帯電話）の蔓延にあります。子どもたちの周辺から対話の機会が激減しています。遊び場としての空き地の激減、大家族の減少、地域共同体の衰退等により、子どもたちがさまざまな人々と語り合う機会がなくなってきたのです。学校教育の現場でも教師と子どもたちが話し合う機会、子ども同士が語り合う時間がとれなくなってきています。

それについて驚かされたことがあります。知人の若い小学校の教員が前年度に送り出した卒業生たちが一年ぶりに母校に集まり、懐かしの教室で車座になりました。ところがほとんど全員の子どもが、隣の子と直接話さず、ケータイでやりとりしているというのです。この話を聴いて

「まさか！」と思い、何人かの現場教師に問うと、みんな「ありうることだ」と答えたのには再度驚きました。そうしたことを裏付ける調査結果が発表されました。

文部科学省は二〇〇九年二月、「子どもの携帯電話利用に関する全国調査」の結果を公表しました。調査は全国の小六、中二、高二の児童生徒と保護者を対象に行われ、それぞれ約一万人分が回収されました。この結果によると、携帯電話を所有しているのは、小六で二四・六％、中二で四五・九％、高二では九五・九％となっています。通話よりメールでの送受信が多く、一日三〇件以上送受信している割合は、小六で七・一％、中二は三三・四％、高二では二七・七％でした。一日五〇件以上もメールする生徒が、中二では二割近くいました。深夜一一時以降の携帯電話の使用については、中二で四六・九％、高二では七〇・九％にも上っています。

自己紹介サイト「プロフ（プロフィールサイト）」についての調査結果をみると、高二では四四・二％が自分のプロフを公開していると回答しているのに対し、子どもが公開していることを知っている保護者は一六・五％であり、四割の保護者がプロフ自体を知らなかったと回答しています。

この調査結果からは、子どもたちの「ケータイ依存」が浮き彫りにされました。また、こうした実態に保護者の認識が追いつかない状態にあることが明らかになりました。

ケータイやEメール、テレビゲームなどの電子機器への依存は、大きな社会問題です。ケータイには、瞬時に連絡できる利便性、メールには多数の人々に同時に伝達できるという画期的な機能があります。テレビゲームにも新たな学習材としてのよさがあります。問題は、子どもたちが過度に電子媒体に没入し、長い時間を費やしている実態にあります。見過ごせないのは、電子媒体のみに依存し、他者・自己との対話機会がどんどんと減少してきていること、そしてそのことがもたらす子どもたちの成長にかかわる深刻な事態です。

二〇〇九年二月、東京学芸大学教職大学院で、成田喜一郎教授の指導のもと「教育ネットワークの構築」をテーマとする大学院生たちの研究発表があり、筆者も出かけていきました。現職の教師を中核とする院生たちの報告は、「インターネットやEメール、携帯電話など高度情報通信社会の現状と課題を踏まえ、ネットワークの有用性と安全性を高めるプログラム開発」でした。具体的には情報機器の氾濫する社会で、子どもたちを健全に成長させるための、ネットワーキングとファシリテーションをキーワードとする、教育ネットワーク構築の必要性の提言と、具体的な開発方法の演習が公開されました。この発表をめぐり、さまざまな興味深い論議がなされました。そうした論議の中でとくに共感できたのは、「子どもたちがケータイにはまっている根源的問題は、ケータイしかコミュニケーションの手だてをもてないことだ」との発言でした。

人間関係形成力に深刻な影響を与える社会脳の衰退

情報機器の蔓延が子どもたちの人間形成にもたらす影響について示唆を与えてくれるのが、岡田尊司氏の『社会脳』（ＰＨＰ研究所　二〇〇九）です。

岡田氏は、現代の子どもたちに「まったく受け答えができない等、コミュニケーションが成り立たない、非常識で社会的常識がない、知識以前のところでつまずき、人間関係が築けず、社会生活ができない」傾向があると分析し、その要因を「情報機器の氾濫によって、人間の脳が衰えてきた」と記しています。

岡田氏はさらに、人間は道具的知性と社会的知性の二つの知性をもっているとし、「道具的知性とは、道具を使いこなすだけでなく、抽象的な文字やシンボルや数字を使いこなす能力」「社会的知性とは、社会的学習や社会的行動の能力」と説明します。岡田氏はさらに社会脳こそが人間の成長に深く関与すると記し、「社会関係が複雑になれば、学ぶべきことも増大し、高度な社会脳を生みだし、それが人類の知性を深化させた」と述べています。また、「せっかく他の面で能力をもっていても、社会性の面で周囲と協調し、コミュニケーションすることができなければ、その能力を発揮することは難しくなる」とも述べています。

岡田氏の論考から、人は他者とのかかわりによってこそ、知性を深化させることができるとの指針を得ることができます。岡田の著書で慄然とさせられるのは、「電子ゲームなどに没頭する時間が長く、他者との交流が少ないと、対人関係を司る脳そのものが発達しない」との指摘です。やがてそうした子どもたちの脳からは、対人関係の機能が喪失していくというのです。

脳の発達と対話力とのかかわりを研究している長年の実践研究仲間の田島弘司先生（上越教育大学）は、「電子通信機器の発達、他者と関わりをもたなくてもなんとか生活できる超便利社会の到来により、脳を使わなくなったため、人類史上初めてといってよい『脳が縮小』する時代を迎えた。意図的に対応策をとらないと、脳はどんどん衰弱していく」（学習スキル研究会研究報告二〇〇九）と警告しています。対話力を高めていくことは、人間関係に関与する脳の発達の見地からも重要なことなのです。

相手を思いどおりにするための対話技法考

現実社会には厳しさがあり、対話もキレイごとばかりではないとの意見が聞かされます。このことについて若干ふれておきます。

相手を思いどおりにする、打ち負かすことだけに意を注いだ対話術は、確かに存在します。たとえば下記のようなものです。

・権力者が背景にいることを婉曲にほのめかす。
・本音を言わず、なかなか真意を出なさい。
・直接言わず、他者を使って、同意せざるを得ない状況をつくる。
・声を荒げたり、逆にささやいたりしつつ、同意しなければ厳しい状況になることをちらつかせ、威圧し、緊張感、不安感を与える。
・時折、相手の論理の矛盾や、約束違反をとらえ、攻撃する。

こうした、いわば相手に勝つこと、思いどおりにすることを目的としたテクニックが効果を上げることは確かでしょう。しかし、対話の本来的な目的である良好な人間形成にはまったく相反した手だてです。

相手は、言い負かされ、従わされたけれど、不信感、怒りをもちます。ですから対話ではなく、恐喝、品性のない交渉ともいうべき技法であり、対応策は承知しておくべきですが、使うべきものではないと考えています。

4 共創型対話の提唱

筆者は前著『対話力を育てる——「共創型対話」が拓く地球時代のコミュニケーション』（教育出版 二〇〇六）で、対話を「指示伝達型」「真理追究型」「対応型」「共創型」の四つに分類し、地球時代の到来・多文化共生社会の現実化を直視し、共創型の対話力を高める必要性を提言しました。

「指示伝達型」とは、学校行事における注意事項や持ち物の指示や伝達のように、上から下へと正確に指示・連絡する対話の型です。「真理追究型」とは、「人生の生き甲斐とは」「友情とは」

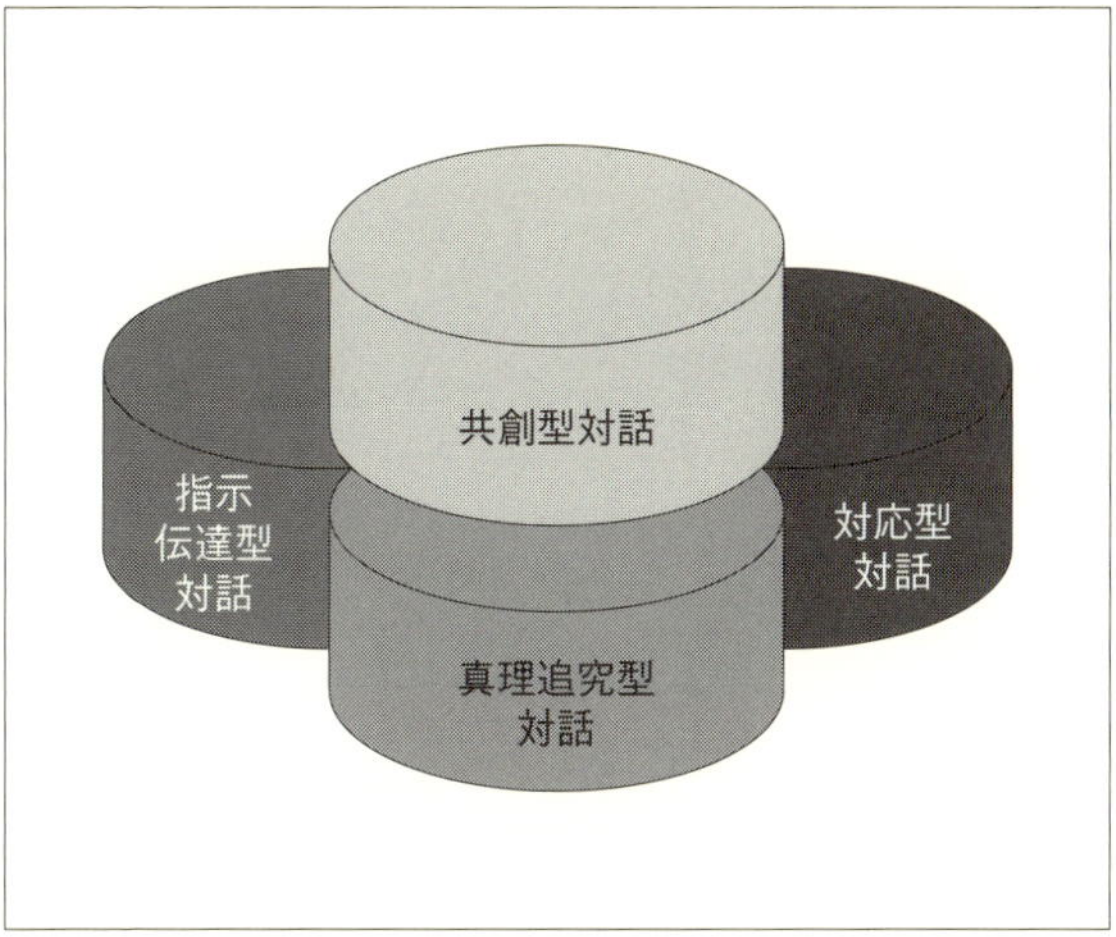

対話の四つの型

といった真理を他者と共に希求する対話の型です。「対応型」とは、国際交渉や商取引に典型的にみられるように、自利益追求を基調にしつつ妥協点をめざした対話のあり方です。

■共創型対話とは

それでは、本書で提唱する「共創型対話」とはどのようなものでしょう。あらためて筆者の考えを記してみます。共創型対話とは文字どおり、参加者が協力して、利害対立の現実や相互理解の難しさを認識しつつ、叡智を出し合い、新たな価値や解決策を生み出す対話の型です。共創型対話では、率直に意見を出し合いますので、対立が起こり、異見が出され、必ずしも合意形成ができないこともあります。

たとえ、完全な一致はできなくとも、共に話し合ったことにより、人間同士として通底する願いや思いをふくらませ、人と人とのつながり自体を良質なものにしていくことができる、そこに共創型対話の大きな意味があります。大切なのは、対話の過程で相互理解・信頼が深まり、良好な人間関係を形成していこうとする姿勢を共有することです。いわば、言うべきことはきちんと語る西洋的な対話と「和」や「相互扶助」を基調とする日本型の対話、それぞれのよさを融合した方向をめざすものです。

二〇〇八年に米国に端を発した世界経済の混乱は、過度の市場至上主義・競争原理が極端な格差と断絶をもたらしたことの表れであり、さらにそのことが地球社会・地球生命系を崩壊の危機に追いやっています。いまこそ、希望ある未来に向けて、途絶と喪失に挑戦し、共生・共創による市民社会を構築する「時」であり、共創型対話はそのために必須の基本技能だと考えます。

■「共生」とは

ここで、本書が提言する共創型対話の基調をなす「共生」の意味について考察しておきます。「共生」とは、いったいどのような概念なのでしょうか。

(1) 「共生」に関する二人の見解

ユネスコ（United Nations Educational Scientific and Cultural Organization）に長く勤務し、国際

的な場で多彩な活動をしてきた千葉杲弘先生（前国際基督教大学教授）は、共生について、次のように語っています。

「『共生』とは、自然と人間との共生、宇宙の秩序との共生の意味を包含する。英語では、symbiosisとされるが、これは生物学的な用語である。ラテン語で『共生』というとconvivialityという。これは英語の辞書をひくと宴会を開くという意味である。この言葉には、人々と共に愉しく一緒に何かするということだけでなく、未来に向けて積極的に行動するという意味が含まれている。

国際的にお互いが歩み寄る時代である。教室の中でも一緒に生きている、一緒に学んでいるのだという心をもっていかなくては、これからはうまくいかない。いま新たな時代の教育と注目されている持続発展教育（ESD：Education for Sustainable Development）の根底にも自然と人間と宇宙の秩序との共生がなくてはいけないという概念が出ている。

日本における『共生』は『調和』を重んじる概念である。しかし『調和』ばかりでなく、未来に向けて何かを積極的に動いて変えていく『共生』観を発信していく必要がある」

（二〇〇八年　目白大学における講話からの抜粋）

グローバル教育、国際理解教育の若手研究者小関一也氏の見解を引用してみます。小関氏はカナダで出あった、敬虔なカトリックとラディカルなフェミニストという不思議な組み合わせの二人の友人たちが、「中絶や離婚、男女平等のあり方など、およそ合意が得られないようなテーマについて、身近な例を引き合いに出しながら、何度も何度も繰り返し話し合っていた。相手を説得するためにではなく、自分の考えを深く豊かにするために、二人は惹かれあうように時間を過ごし、語り合うことを止めなかった」との事例を紹介しつつ、「共生とは、必ずしも合意や一致を必要としない。合意や一致が共生の最終目的ではないからだ。彼女たちのように、本質的に分かり合えない部分があっても、共にあることができる。いや分かり合えない部分があるからこそ、互いに惹かれあい、共にあろうとするつながりがあるのではないだろうか。『合意や一致を得ること』の前に、『共にあること』そのものの意義に、私たちはもっと目を向けるべきだろう」と記しています。（小関一也「ESDにおける共生：合意や一致をこえたつながり」多田孝志・手嶋利夫・石田好広編著『未来を拓く教育――ESDのすすめ』日本標準 二〇〇八）

千葉・小関両氏の見解に啓発されつつ筆者の「共生」のとらえ方を記しておきます。「共生」とは個々人の「自立」を前提にしたものです。そこでまず、「自立」とは何かを考察しておきましょう。

(2)「自立」とは

「自立」とは、他者から強制されるのではなく、自分なりの思考をもち、判断し、行動し、生きていくことです。現時点での自分の考えをはっきりさせ、納得して行動していくことが、自立して生きるということです。この際、自分自身が納得できるかどうかを判断する内面的自立が重要となります。

自立には「しなやかな強靱さ」ともよぶべき、姿勢・態度が必要です。それは、自立が到達点ではなく、それを課題として、日々自己を確立していくものであることによります。確固たる自分を確立することなどなかなかできることではありません。それを目標としつつ、常に「新たな自己の発見」、すなわち自らの中に、それまで培ってきた思考や判断をしっかりもちつつ、新たな局面に出あったとき、悩んだり、考え込んだりし、自己を問い直していく、その絶えざる追究により、しなやかに自己を変革していくことこそ、自立への姿勢・態度であり、その意味で自立とは、常にプロセスといえます。

「しなやかな強靱さ」は、他者や社会とのかかわりにおいても重要です。自立は利己的・自己本位な言動ではありません。社会の一員としての自覚をもつことが必要です。「しなやかな強靱さ」で、自分の考えをもちつつ、他者の考えに対応し、個人・集団間の対立を調整・調和し、ともによりよい未来を共創していこうとする姿勢・態度をもつことも自立には必要なのです。

(3) 「共生」の概念の考察

それでは「自立」を基調においた「共生」とは、どのような概念としてとらえればよいのでしょうか。広遠な意味をもつ「共生」の概念を規定することは、なかなか難しいことです。しかし、地球時代・多文化共生社会における「共生」とは、次の構成要素を包含していることは指摘できます。

第一は、関連性です。「共生」とは文字どおり、多様な他者と共に生きるということです。その多様な他者とは、人間（自己・他者）や社会、そして自然という他者もあります。世界はグローバル化が進展し、文化・経済・政治、環境など多様な分野で相互に影響し合っています。また、人間は地球生命系の一員であり、大気や水、大地や海、森林等に生息するさまざまな動植物との有機的な関連により生きているのです。

第二は、多様性です。多様なものを認め尊重することは共生の基本です。留意すべきことは、多様なものとの共生は発展の要因でもあるということです。多様なものとの出あいは、混乱や対立を起こしますが、実は、そこからこそ、新たな知恵や価値、解決策が生み出されるのです。

第三は、変革性です。他者とのかかわりによって絶えず自己が変革され、また自己が他者に影響を与えるその相互作用が「共に生きる」ということです。その際、大切なのは、未知なもの、自分とは異なる生き方や見解に知的好奇心をもち、それらを吸収し、自己を変革・成長させていく柔軟な姿勢をもつことです。

第四は、寛容性です。多様な文化や価値観をもつ人々と共に生きる場合には、思惟方式や行動様式などに違和感をもつような事態が出てくることもあります。それらを排除せず、完全な共感はできなくても、受け入れようとする寛容さをもち合うことによってこそ、異質な文化や価値観をもつ人々との共生ができます。

第五は、開放性です。勇気をもって自分を表現すること、知的好奇心を高め、チャレンジすること、先入観や偏見を捨て、できるだけ受け入れるようにすること、こうした開放的な姿勢が、前向きに共生していくことにつながります。

第六は、未来志向性と主体的行動力です。自己が当事者であることに気づき、地域社会や地球生命系の課題解決のために行動する意志をもち、行動し、希望ある未来社会の構築に参加・協働していくことが、共生していくということです。

第七は、推察・イメージ力、響感力です。相手の立場や文化的背景などを推察・イメージできる力が、相互理解を促進し、信頼感を育みます。また、相手の心情に響感する感性をもつことが、人間同士としての深い友情をもたらします。

こうした要素をもつ「共生」を具体化していくための基本技能が、共創型対話なのです。

次章では共創型対話力を高めるための具体的手だてについて詳記していきます。

2章 対話力を高めるポイント

島根県飯南町立頓原小学校で、六年生（担任　一ノ渡美夏先生）に「聴く・話す・対話する力」を高めることを目的とした授業をしました。この授業の白眉は、近隣の学校の先生方、教育委員会の方々、保護者のみなさんが参観する前で行った七人の子どもたちによる六つの型のスピーチでした。どの子も楽しそうに語り、参観の人々は、うなずき、ときには笑いつつ、熱心に聴き入っていました。スピーチの型と内容は次のとおりでした。

・快楽型スピーチ「ぼくの失敗」（景山慎也）……中学校の先生といっしょに勉強したとき、二〇秒くらい居眠りをしてしまったこと

・報告型スピーチ「地域の施設訪問」（原咲菜）……委員会活動で老人ホームを訪問したときのお年寄りたちとの交流の様子

・説明型スピーチ「スキースクールに入ったときの話」（妹尾亮汰）……地元のスキー場で、土日や夜間も練習に取り組んだスキー上達の秘訣

・朗読型スピーチ「幸せ」（詩）の朗読（田部沙弥）……自分の好きな詩を選び、気持ちをこめて朗読する
・提言・主張型スピーチ「ぼくの理想とする頓原の未来」（若林孝祐）……頓原町がよい町になるための具体的な提言をする
・創作型スピーチ「創作話」……友達に協力してもらい物語を創作し語る（大垣直登）／四コマ漫画を作成し、紙芝居のように語る（藤原雄紀）

事後の研修会では、参観の先生方から、どうして子どもたちがあんなによく語れたのかについての質問が相次ぎました。また対話力を高める方法について、活発な質疑応答が行われました。

翌年の秋、長年の実践研究仲間である山口修司教頭（現 出雲市立伊野小学校長）先生の依頼でもあり、再び頓原小学校を訪問しました。頓原小学校はコミュニケーション学習を継続していました。一ノ渡先生の三年生「人にやさしい町づくりについて話し合おう」（教材名「もうどう犬の訓練」）の授業を参観しました。学習案の目標には「体験や調べたことを基に、自分の考えの中心をはっきりとさせて話したり、相手の考えを受けとめたりしながら聞くことができる」と記されていました。

感心したのは、学習案に特別に「対話を作り出すための欄」が設定してあったことでした。この欄には、授業における対話のねらいや主な活動がはっきり記してありました。

・話し合いのテーマを身近で実践に移せるものに設定する。
・体験的な活動を蓄積させることによって発言への意欲を高める。
・メモを取らせる。
・教師のかかわり（コメント等）
・視点や異なる意見への評価をする。
・発言しにくい児童への語りかけで勇気づける。
・朝の会などで「よい話し合い、悪い話し合い」のスキル学習を積み上げる。
・支持的風土を築くために学活などでよさを発表し合う機会をもつ。

一ノ渡先生の授業は、子どもたちが楽しそうに聴き、話し合った質の高い実践でした。実は、前々年度も筆者は頓原小学校を訪問し、一ノ渡先生の授業を観ていました。そのときは、教師のひとりよがりの指導をかなり厳しく批評しました。それだけに一ノ渡先生がいかに成長したかがわかりました。山口先生から、前年度の研修が「一ノ渡先生たち頓原小学校の先生方の実践力の向上につながった」と聴かされ、なんともうれしく思いました。

意図的・計画的な指導を継続すれば、子どもたちの対話力は高まっていく――最近ようやく、このことに確信がもてるようになりました。それでは、どのような手だてをとれば子どもたちの対話力を高めていくことができるのでしょうか。本章では「心理的抵抗感の払拭」「対話技能を高める」「対話の醍醐味を感得させる」の三点から、対話力向上の方途を述べていきます。

1 心理的抵抗感の払拭

あまりに多くの人、とくに若い人が、競争原理の蔓延する社会の中で、他人を信用できない、あるいは自分の言葉が誤って伝わってしまう、そうした恐怖と失望のため、過度に人間嫌いになり、また自分が傷つかないようにしているように思われます。自分の生きる世界・交友関係をできるだけ限定する人たちが数多く見られます。一方、たとえ表面的な人間関係であっても、多くの知り合いをつくっておかないと不安である、そうした心情に追いやられている人々もいます。

人嫌いも、皮相的な人間関係づくりも、実は人間不信という同根から生じているものです。限定した世界づくりも、対話拒否も、ケータイへの依存も、結局はしっかり他人と向かい合って話をするという事態から逃避しているように思えてなりません。いまこそ、警戒心・防御心を解き放ち、他者と語り合おうとする姿勢と心情を若者たち、子どもたちにもたせるための教育措置が必要なのです。

他人と理解し合うことは不可能である、あるいはきわめて困難であるという意識をもちながらも、なおかつ口をつぐまず、他人に話しかけようとすることは、大変なことであり、大きな勇気が必要です。それではいったいどうしたら、心理的抵抗感を払拭し、対話に真正面から取り組む勇気をもたせることができるのでしょうか。

■受容的雰囲気をつくる

わたしたちの日常生活でも、緊張を強いられる場面では、なかなか発言できません。一方、なんでも言えそうな雰囲気だと、自分でも不思議なくらい発言してしまいます。対話指導において最も大事で、かつ本質的なのは、伝達や理解、説得に先立つ、気分というか雰囲気づくりなのです。

(1) 第一印象

第一印象は、雰囲気づくりに大きな影響を与えます。スピーチ力が大きな意味をもつ米国社会では、スピーチの名手は次の三つのメッセージを工夫するといわれます。すなわち、フィジカル（身体動作）メッセージ、ストーリー（内容）メッセージ、それに機器や補助資料の効果的な活用であるメディアメッセージです。

このうち、第一印象づくりにかかわりが深いのは、フィジカルメッセージでしょう。表情、視線、歩き方、手の動かし方といった仕草が、最初の印象を決めるように思います。ですから、教師たちが子どもたちに対話をさせる場合、雰囲気づくりの第一歩として、教師自身の顔の表情、姿勢、衣服・髪型、歩行行動、対人距離等に配慮するとよいでしょう。具体的には、笑顔をつくる、子どもたち全員を見回してから話すといった、期待感をもたせたり柔らかな雰囲気を演出したりする工夫がいるのです。

(2) 構えをとる

対話の前には、だれでも緊張し、また失敗しないように構えてしまいます。この構えをとることを、アイスブレーキング、ときにはウォームアップといったりします。さて、この構えをとるための有効な手だてが、「触れる・語る」ことです。

「触れる」が効果的なのは、人間の五感のうち、最も直接的な行為だからです。視覚・聴覚・嗅覚には対象との間に距離があります。味覚は対人関係にはかかわりが薄い感覚です。これらに対し、触れること、すなわち触覚は直接に接する行為です。「触れる」ことが構えをとることに効果的な理由は他にもあります。「触れる」ことは、他の感覚よりも相互交流的な面が強い行為ということです。たとえば他の人と手のひらを合わせます。そのとき、「触れる感覚」と「触れられる感覚」が同時に成立する二重感覚を感得します。つまり「触れる」という能動的な行為と、「触れられる」という受動的な行為が同時に起こり、それが交互に反復しているのです。

さらに重要なことは、「確実さ」です。視覚・聴覚・嗅覚・味覚には、あいまいさがあります。「見たつもりでも、しっかり正確に見ていないかもしれない」といったことです。しかし、「触れる」行為は確実です。触れた事実は、はっきりと確信できます。こうした、「触れる」のもつ、相互交流、二重感覚、確信などの特色は、対話のアイスブレーキングにつながります。

「声を出す」ことも、構えをとるのに有効です。緊張している会議で一言でも話せるとその後はまた発言をすることができた、こうした体験はよくあるでしょう。また、「語る」ことは「つなぐ」ことにもなります。見知らぬ人と隣席になったとき、一言ことばを交わすと、その人とかかわりがもて、なんとなく安心できるものです。

(3) 人数、場所、机・椅子、服装、向き合い方

話し合いをするとき、四人のグループと六人のグループでは、一人ひとりの発言量が異なるのは当然です。このことに着目した対話研究仲間の研究によると、「小学校五年生の六人のグループでは発言量の個人差が大きく、よくしゃべる子がいる一方でほとんど発言しない子がいるのに対し、四人のグループでは全員がよく発言していた」との観察結果が出ています。

「子どもたちが語りやすい雰囲気をつくる」ためには、さまざまな配慮がいるのです。そして、小さな工夫が予想以上に大きな成果をもたらすのです。人数、場所、机・椅子、服装、向き合い方などについての配慮は、その具体例です。対話の目的に応じて、場所は教室か体育館か図書館か、机・椅子の有無、服装のちょっとした工夫などに配慮するとよいでしょう。同僚の臨床心理の専門家は、カウンセリングをするとき二人で真正面に向き合うより少し斜めに向き合うほうが

話しやすいと言っていました。確かに、角度によって雰囲気が違ってきます。こころしたいのは人数です。人数は、雰囲気づくりや個々の子どもの発言力に影響を与えます。目的やメンバーに応じてグループの人数を決めることを勧めます。

筆者はよく外国で授業を参観しますが、日本と欧米・オセアニアの学校では教室のようすが異なっています。カナダや豪州・ニュージーランドの小学校では、子どもたちが車座になって話し合えるスペースがある教室をよく見ました。また英国の小学校を参観したときには、中央を広くあけて、子どもたちが全員円形に机を配置し、外を向いて個別学習している教室を見かけました。やがて授業が進むと学習内容により、机を向き合わせたり、小集団になったりしていました。学級の人数にもよりますが、日本の学校の教室での机の配置も学習目的に応じて柔軟に動かせるとよいでしょう。

偉人さんいらっしゃい!

矢花祈先生（東京都板橋区立清水小学校）は、対話実践研究を継続している若い仲間です。矢花先生の実践に「偉人さんいらっしゃい!」（小五）があります。質問力を高めることを目的としたこの授業で、矢花先生は環境設定をさまざまに工夫しました。廊下で待機している「偉人」に扮した子どもが入室するとき、みんなで「～さん、来てください!」と呼び込む、机をなくし、子どもの椅子を馬蹄形に並べて劇場風にする、「偉人」になった子はそれらしい服装をする、といったことです。この矢花先生の工夫により子どもたちは期待感を高め、また「偉人」の登場を拍手で迎えました。その後の活発な「偉人さん」への質問は、雰囲気づくりの効果によるものでした。

■教師の説明とイメージづくり

子どもたちの心理的な抵抗感を払拭し、発言への勇気をもたらす、このことに決定的な役割を果たすのは、教師の説明と支援だといっても過言ではありません。このことについて理解を深めていただくため、少々長いのですが、国際会議における高校生たちのシンポジウムのようすを紹介します。

(1) 高校生たちのシンポジウム・事前指導

二〇〇八年一〇月二九日〜一一月一日、富山県国際会議場で、世界中の水の専門家が参集し、国際水質学会が開催されました。大会テーマは「地下水の科学と人間の幸福——人類が直面している水問題を正しく理解しよう」でした。大会三日目、企画のひとつとして高校生による研究報告と、「水資源の豊かな未来に向けて行動するために」を趣旨としたシンポジウムが開催されました。筆者はこのシンポジウムの進行役をつとめました。

シンポジウムに参加した京都府立桃山高等学校地学部、岐阜県立岐山高等学校化学部水質班、富山県立砺波高等学校理数科課題研究生物班の高校生たちとの出あいは、筆者の考える対話論、対話指導方法に自信がもてる機会となりました。

筆者自身の都合により、高校生たちと打ち合わせをしたのは、当日、本番の一時間前でした。この正味四〇分程度の指導が効果を上げ、高校生たちは見事な対話力を発揮したのです。

それでは、どのような手だてが対話力を高めたのでしょうか。四〇分の内容は次のとおりでした。

①触れ合い、知り合う場面づくりをした。

各学校の引率の先生方は、「都会の高校生と違って、発言が苦手だし、知らない人となじみにくい子たちで心配だ」と口々に言っておられました。確かに朴訥でおとなしい高校生たちでした。彼らの緊張を解くために、初対面の高校生たちが互いに、触れ合い（「世界のさまざまなあいさつの体験」「全員との握手」）や自己紹介をする機会をつくりました。

②シンポジウムの流れを説明した。

このことにより生徒たちは、どんな場面でどのような発言をするのかを知り、心の準備をすることができたようです。

③シンポジウムに参加する意義と心構えについて語った。

・自分の心を勇気づけ、思ったこと、感じたこと、訴えたいことを語ろう。

・他者の発言を聴くときは、質問を考えながら聴こう。
・聴くことは能動的・積極的行為……聴き方が対話を創る。
・民主主義には、発言の自由と情報提供の責務がある。当事者意識をもち、勇気を出して発言しよう。
・A＋B＝Cの発言、さまざまな意見を聴いて、それを生かし、新たな意見が出せたら最高だ。また、論議の途中で自分の意見が変わったことを発表できたら見事だ。

④質問に慣れさせるための相互質問タイムの設定
他校の生徒と「じゃんけん質問」「二分間連続質問」をさせ、質問したり質問されたりすることに慣れさせた。

⑤内省の時間の設定
五分間自由に過ごす時間を与え、自分はどんな思いや姿勢でシンポジウムに臨むのか、どのような意見を話すのかを再確認する時間を与えた。

(2) シンポジウムの本番

参加生徒数は、三校で男子一〇人、女子三人の合計一三人。時間は六〇分でした。進行は次のとおりでした。

①司会者から、シンポジウムの趣旨の説明

②一人ひとり、研究を行ってきて最も心に残ったことの発表
③各学校の生徒の発表内容を生かした質疑応答・論議……開発と環境保全、地域の人々の生活と水とのかかわり等々、水の浄化にかかわる多様な問題を論議し、深めていった。
④各高校からの提言（わずか三分間の相談時間で各校ともに見事にまとめた）……研究の成果を踏まえて、日本の社会や世界に向かって提言したいことの発表
⑤全員から発言……本日の体験を通して、いま伝えたいこと、心に残っていることを言う。
⑥司会者からのコメント……高校生たちの論議を聴いてのまとめと感想を述べる。

シンポジウムにおける高校生たちの発言は、実に見事でした。地域の川の水質を調査した体験から気づいたこと、考えたことを語り、他校の生徒の発言に質問や意見を出していました。笑いが随所で起こり、会場を巻き込みました。素晴らしかったのは、新たな視点からの発言や、さまざまな意見のよさを生かした解決策を提案する生徒が出てきたことでした。論議の最後に三分間の相談の時間をとり、各校の代表が「水資源の未来」について自校の考えを発表しました。フィナーレは、登壇した全員の「ひとこと感想」でした。自分の心に浮かぶことを、考え込みつつもしっかり語る高校生たちに、会場からは発言が終わるたびにあたたかな拍手が起こりました。

高校生たちの感受性の豊かさ、知的好奇心、前向きに生きようとする姿勢が感得でき、司会者であるわたしも心を揺さぶられ、司会者からのコメントとして、明日の地球社会の担い手である

彼らに「希望」をもてたことを伝えました。

(3) 生徒たちの成長

シンポジウム終了後、企画にあたられた吉岡龍馬実行委員長(元 京都大学教授)が駆け寄ってこられ、シンポジウムの内容の高さを賞賛してくださり、また、各高校の担任の先生方も「あんなに発言し、考えを深めていくとは信じられない」と語っていました。

一か月後、岐阜県教職員組合の研修会で講演する機会がありました。その折、参加者の一人から岐山高校の生徒たちがその後、学校行事や学習に積極的に取り組むようになり、さまざまな場面で自己表現するようになったと聴かされ、しみじみとうれしく思いました。

このシンポジウムの成否は、事前指導の四〇分にありました。筆者が行ったことは、シンポジウムの流れの説明とイメージづくり、構えをとる・アイスブレーキングでした。このシンポジウムに限らず筆者は、対話の前に目的や流れの予想を説明するようにしています。また、「聴くとはどういうことか」「批判を受けることのよさ」「対話における相互理解の難しさ」「対話のリスクとその受けとめ方」といった、対話にかかわる技能や心構えを適時伝えるようにしています。子どもたちは、どのような言動をしてよいかわからないでいるのです。その子たちに指針を与える教師の説明・イメージづくりは、心理的抵抗感を払拭するのに有効なのです。

■成功体験をもたらす個別指導

成功体験は、対話への心理的な抵抗感を払拭し、対話への前向きな姿勢を培っていきます。成功体験をもたらす有用な手だてが個別指導です。その個別指導を効果的にするためには、信頼感が基調になければなりません。

青山学院女子短期大学での「国語表現」の授業では、学期の最初の段階でスピーチをさせます。そのとき、百余人の学生に必ず個別指導します。話し合いから出てきた事例や考え方などをとらえ、「それを話せばきっと、みんな興味をもって聴いてくれるよ」と評価してやると、学生は安心します。そうしてスピーチし、仲間から拍手を受けると、学生たちは成功感をもち、発言への前向きの姿勢を培っていくのです。

大学でもそうですが、小・中学校で教師が対話の個別指導をするときに重要なのは、子どもたちと教師との信頼関係です。学級担任、教科担任とのかかわりが強いからです。コーチングではこうした関係をラポール（調和や心地よさ、親近感などによって築き上げられ、その結果、連帯感が生まれる関係性をさす）とし、このラポールを形成するために必要な要素として、信頼と調和を示しています。確かに、子どもたちが教師を信頼していることが、教育活動を効果的にします。その信頼は、教師の専門的力量の高さと人間性から生まれてくるものです。

2 対話技能を高める

子どもたちの対話力を高めるためには、対話の技能を高めることが不可欠です。本節では、「聴く・話す・対話する」の基本的な考え方と、スキルアップの方法を紹介します。

■「聴く」とは積極的な行為

聴くことは受け身ととられることが多いのですが、実は積極的な行為なのです。わたしたちは、対話するとき、相手がきちんと受けとめてくれ、また的確に反応してくれると話しやすく、いつの間にか自分の思いを存分に語ってしまうことがあります。対話では、聴き手の積極的なかかわりが話者を勇気づけ、語り合いの内容を広げ、深め、豊かにしていくのです。

(1)「聴くこと」の基本的事項

①「聞く」と「聴く」との違い

「聞き流す」という言葉があるように、「聞く」とは自然に耳に入ってくること、一方、「聴く」とは、「傾聴する」と使われるように、意識的に聴く、耳をすませて聴き取ることです。

②　聴き方による変化

聴くことは、「複雑で高度な知的活動」（西尾実『西尾実国語教育全集第七巻』教育出版　一九六六）なのです。聴き手の聴き方いかんによって、さまざまな変化が生じます。相手が興味をもって聴いてくれ、同意・共感してくれれば、思いを次々と語れます。たとえ反論されても、響くものがあれば、認められ、真剣に対応してくれたことの心地よさを感得できます。他方、いいかげんな聞き方をされると、話を打ち切りたくなります。

(2)「聴くこと」の機能

「聴く」には、さまざまな機能があります。筆者は次の七つに分類しています。

・正確に聴く……時間・場所・人数・状況・約束事など相手の伝える情報を正確に聴き取る。
・要約する……相手の伝えたいことの要旨を把握しながら聴き取る。
・励まし、勇気づける……同意したり容認したり、承認しつつ、相手を勇気づけながら聴く。
・引き出す（質問力）……適切な質問をすることにより、話者により詳細に語る機会を与え、また、相手の中にある多様な情報や価値あるものを引き出す。
・批判する……相手の意見や考え方、提言などに対して、問題点を指摘したり、反対意見を出したりするなど、良質の批判をするつもりで聴く。
・自己再組織化する……相手の話に啓発されながら、自分の考えを再組織化しながら聴く。

・共創する……新たな知見や解決策などを共に創り出していく姿勢で聴き取る。

聴くことの意味――チャイルドラインの活動から

二〇〇八年一二月七日、長野県長野市の県福祉総合センター談話室で長野県チャイルドライン推進協議会の研修会が開かれ、参加しました。立教大学大学院で筆者の授業を受講している湯田美明さんの依頼によるものでした。当日は、県内の各地から二九人が参加しました。

チャイルドラインとは、子どもがかける専用電話です。どんなこともＯＫ、匿名でもかけられ、秘密は絶対守られます。こうしたチャイルドラインがなぜ必要なのでしょう。支援センター作成のパンフレットには、「子どもをとりまく状況の厳しさを思うとき、子どもの声に耳を傾け、それを心で受けとめる、子どものそばに寄り添う人の大切さを思わずにはいられません。子どもの思いをしっかり受けとめて、理解する人がいるならば、子どもは自分の力で歩いていけると――わたしたちはそう信じています」と記されています。

終日、研修会に参加し、多くの「受け手」（電話を受ける人々）、「支え手」（受け手の人々をサポートする役割）の人々と語り合う中で、チャイルドラインの活動こそ「聴くこと」の意味を具現化していると思いました。

研修会に参加した人々とは、昼休みはもちろんのこと、新幹線の出発時間ぎりぎりまで語り合いました。人々の話に共通しているのは、「一生懸命に真摯に聴く姿勢をもつことこそ大事である。それが子どもたちの心に届く」「子どもを固定概念で見てはいけない。とにかく相手の伝えたいことを聴いてあげるうちに、少しずつ本音が出てくる。一見、不真面目な電話にも、真実を感得できることもある」との考え方でした。「両親が離婚した、会えないお父さんに会いたい」「リストカットしているのはお母さんに振り向いてほしいからだ」などの声に胸がいっぱいになったとも聴かされました。ポツリと「子どもたちと楽しい時間を共有できるとうれしい」と語る女性の言葉に感動しました。

帰路の新幹線の中で、チャイルドラインのボランティア活動をしている人々は、「聴く」ことが人と人とをつなぎ、人を信じる心を復活させ、子どもたちに生きる勇気を与えることを事実として示しているのだ、と思ったことでした。

■スピーチ力を高める

スピーチは、聴き手に「知らせる」「理解させる」、また聴き手を「説得する」「共感させる」などを目的とした「話す」活動です。

(1)　よいスピーチの条件

よいスピーチの条件、その第一は、自分が伝えたいことがはっきりしていることです。第二は、伝えようとする熱意があることです。心をこめて語ると、聴いている人にその気持ちが伝わっていくのです。第三は、「聴き手の立場に立つ」、つまり聴き手への配慮があることです。スピーチは自分の考えを一方的に言葉にすることとは違います。相手を意識して、わかりやすく、興味をもって聴いてくれるように工夫することが大切なのです。

いよいよスピーチをする時になったとします。本番で最も大切なことは、聴いている人々に向かって語りかけていくことです。話の筋道が通っていれば、少しぐらい予定どおりにいかなくても、言おうとすることは伝わります。自分はこのことを伝えたいとの思いを胸に、語りかけることが、「思いが通じる」よいスピーチとなっていくのです。

(2) スピーチには準備が必要

準備があってこそ、聴き手がわかりやすい、よいスピーチができます。スピーチのための準備を具体的に記します。なお準備の前には、まず、どんな人たちが聴き手なのかをつかんでおくことが大切です。また、何分くらい話してよいのか、時間を確認しておく必要もあります。

① 話題を選ぶ

話題は、知ってほしいこと、考えてほしいことなど、スピーチの目的や、聴き手はどんな人たちなのかを考慮して決めます。聴き手を引きつける話題の例を挙げてみましょう。

・「とっておきの話」……聴き手が興味をもち、驚いたり、感心したりすると思える、とっておきの話をする。（例：「ボランティアに行ったときのこと」「飼犬の変なクセ」など）

・「伝えたいこと・心に残ったこと」……心揺さぶられたこと、本当に怒ったこと、悲しんだ

こと、喜んだことなどを語る。(例:「祖父との対話」「通学途中で遭遇した事件」など)

② 自分の伝えたいことをはっきりさせる

・自分の考え方や感想、提案をはっきりさせる。
・なぜそうした考え方や感想になったのか、理由をはっきりさせる。
・自分の伝えたいことをわかりやすくする事例や資料を選択する。

こうしておいて、自分がスピーチで伝えたいことを短い文でまとめておきます。

例:山村で農業をしてきた祖父に話を聴いたが、さまざまな困難を乗り越えてきたこと、多くの生きるための知恵をもっていることを知り、感心させられた。老人たちは長い人生経験から得たたくさんの知識や知恵をもっている、若者はそれを学ぶべきだ。

③ 事例や情報を選択し、決めておく

実際にあった出来事を語ることや、統計資料や調査結果などの情報を示すことが、スピーチへの信頼感を高め、共感を得ることができ、説得力をもたせます。できるだけ多くの事例や情報を集め、そこから選んでいきます。事例や情報は、よく探すと意外に身近なところでも見つかります。

例:自分自身が体験したこと、これまでの生活で見聞したこと、インタビューで聴き取ったこと、父母や友人から聞いた話、新聞や雑誌の記事、インターネットでの検索によるもの等。

④　構想を練る

出だしから終末まで、どんな順序で話したら効果的かを工夫し、構成します。自分が伝えたいことを聴き手に効果的に伝えるために、話す順序や事例の出し方などを検討し、スピーチ構成メモに書き込んでおきます。いくつかの構想の例を示しておきます。

例：Ａ　最初に伝えたいことの要旨を話す→どんなことがあったか出来事を紹介する→最後にぜひ伝えたいことを再度語る。

Ｂ　自分の主張を述べる→その理由を三つの異なった視点から話す→それぞれの根拠となる事例も紹介する→最後に付け足しておきたいことを語る。

Ｃ　事例を紹介する→なぜこうしたことが起こったか聴衆に問いかける→自分の考えを語る→解決への提言をする。

⑤　聴き手を引きつけるための話し方の工夫をする

聴き手を引きつけるためには、次の点を工夫するとよいでしょう。

・話法を工夫する……声の大きさ、強弱、話す速さ、声音、キーワードの強調等。
・非言語表現……目線・手の動き・表情などの身体表現、服装、聴き手との距離、間・沈黙等。
・補助資料の活用……実物資料、統計資料、絵や写真の提示、パソコンのプレゼンテーションソフトの活用等。

⑥　**全体の流れをチェックする**

どこをもっと工夫すれば、聴き手にわかりやすく、また引きつけることができるか、スピーチの流れ全体をチェックします。

⑦　**練習する**

スピーチには、練習がきわめて重要です。欧米にはボイスティーチャーあるいはスピーチコーチとよばれる職業があって、聴衆に応じた声の出し方、表情等を指導しています。政治家や著名人が技量の高いスピーチ指導の専門家を雇用して練習するのは、スピーチでは内容とともに語り方が聴衆の印象度にかかわるからです。自分自身で聴き手を想定し練習する、スピーチはそのたびに必ず上達していきます。前もってだれかに聴いてもらい、感想を言ってもらったり、鏡の前で練習して、顔の表情や手の動きや身体の向きなどをチェックしたりするのも効果的です。

■対話力を高める

日本の子どもたちの対話力が高まらない大きな要因は、学校において対話の指導を受けた体験が少ないことです。一例ですが、昨年、東京大学で筆者の授業を受講している二五人に問うてみると、高校時代に少しでも対話力を高める指導を受けてきた体験をもつ学生はわずか三人でした。今年の受講生二一人の中では、たった一人でした。これに驚き、高校教師をしている友人たちに問うてみると、一様に「進学実績を誇る有名高校ではほとんどが講義型授業を重視しており、学生たちの回答結果は当然だ」と聴かされました。日本の学校教育における対話型授業の少なさをあらためて知った思いがしました。

それでは対話の指導を受けた体験が希薄な子どもたちの対話力を高めるためには、どのような指導が必要なのでしょうか。

(1) 共創型対話力を高めるための要件

多様な人々とともに、新たな価値や知恵を生み出し、創造的な人間関係を構築できる共創型対話力を高めるための要件は、次のように収斂できるでしょう。

〈基本的な要件〉

① 自分の意見をもち、勇気を出して表現できる

② 相手の伝えたいことに関心をもち、質問したり、批判したりする。また、相手の意見や批判などを聴き、それを生かし、自分の意見を再組織(自己変革)できる

③ 他者を意識し、わかりやすく表現でき、

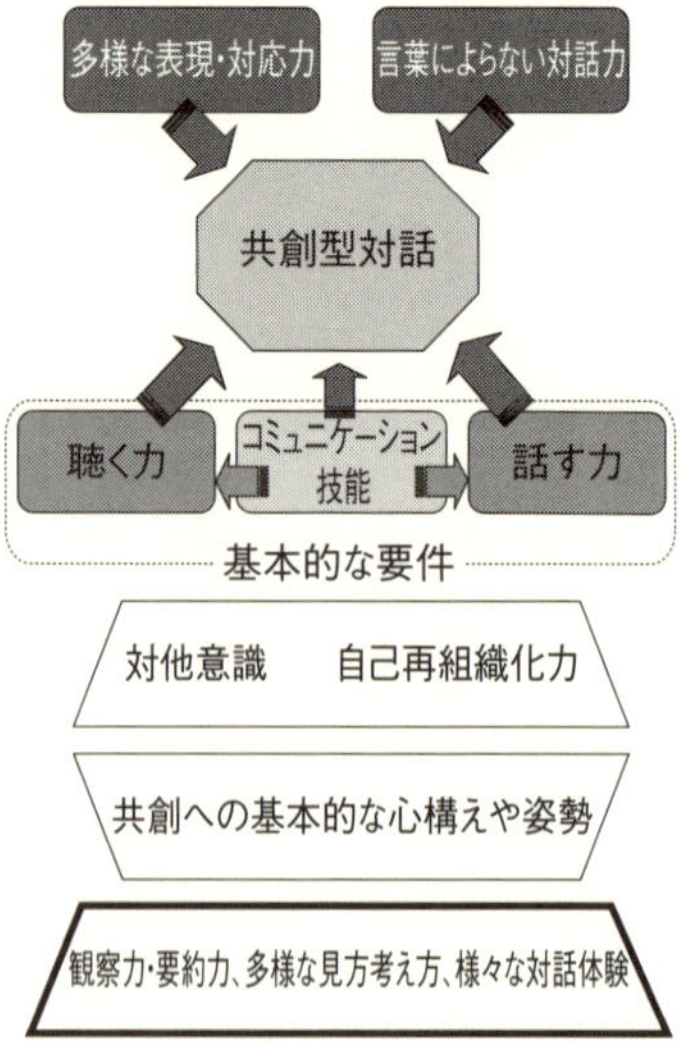

また、相手の伝えたいことを的確に聴き取れる技術を高める

〈対話を充実させる多様な表現・対応力を高める〉

① 受容的な雰囲気をつくる

・場所、人数、話題等の環境設定を工夫できる

・参加者全員へのそこはかとない配慮ができる

・聴き手を和ませるユーモアのセンスをもつ

② 論議を広め、深める臨機応変の対応ができる

・議論の流れを把握する要約力を高める

・多様な視点からの発想をし、具体的な意見が出せる

・混沌状態が新たな創発への時間帯であることを認識する

③ 敬意表現力（linguistic politeness）を高める

・相手の意見を受けとめ、尊重できる

・相手の意見に対し、真摯に対応し、自分の意見や疑問、批判などが出せる

・日本型コミュニケーションのよさである節度・節制・謙虚さなどを生かす

〈言葉によらない対話力を高める〉

① 人間の喜怒哀楽にまつわる表情や身振り等の身体表現や、広義な非言語表現（服装、場所、

時間、対人距離等）を高める

②　人間のもつ直観力（intuition）をみがく

③　沈黙や静寂のもたらす意味を知り、生かす

〈共創への基本的な心構えや姿勢をもつ〉

①　響感・想像力をもち、相手の立場や文化的背景に配慮できる

②　相互理解の難しさを自覚しつつ、目的の共有を確認し、粘り強く語り合う姿勢をもつ

③　対話のプロセスを通して相互信頼を深め、良好で創造的な関係を構築していこうとする

このほか、「観察力・要約力を高める」「多様な見方・考え方を身につける」「対話が社会を変えることを体験させる」「対話による知的爆発、知的化学変化を実感する」ことなどは、対話の基礎力を高めることにつながります。

共創型対話力を高める要件については、本書の各所で、実際の実践事例を紹介しつつ、詳記していきます。

高取しづかさんとの対談

高取しづかさん（NPO法人JAMネットワーク代表）は、「じぶん表現力」をテーマにコミュニケーション能力を高める具体的な方法を普及させるため、さまざまな提言や活動をしている方で

す。月刊誌『海外子女教育』の企画による高取さんとの対談は、日本の子どもたちに対話指導をする大切さをあらためて知る機会となりました。

高取さんは、活動を始めた動機を、「ニューヨークに滞在していたとき、米国の子どもの素晴らしいプレゼンテーション力は、オーラルコミュニケーション（口語表現）教育によることを知った。この教育を日本にも導入すれば日本の子どものコミュニケーション力もアップできるのではないかと思った」と語っておられました。その高取さんとの対談は、予定の時間を大幅に超える充実したものになりました。高取さんの発言の要点を集約してみましょう。

・米国ではリスクを冒してでもチャレンジする人を「リスクテイカー」と呼び、間違えても「good try」と言って、チャレンジ精神を評価します。

・聴くことは相手を尊重することです。ありのままの自分を受け入れてくれるあたたかい雰囲気、そうした場づくりがまず大切です。

・いま、幼稚園でやっていることがあります。「どっちにするか？」といって選ばせること、まず自分の気持ちに気づくことが大事だからです。何回もやって毎回「すごいね」と承認を与えていると、一年もたつと自分の気持ちを自分で表現できるようになります。

・教師のコメント力は、とても大事ですね。相手に対してのコメントは、事実を冷静に見ているかどうかということ、プラス面を見てあげていることがポイントです。

・親も教師も、子どもにプラスのこと、よいことは聴いているのですが、マイナスの部分とか、いい子じゃない部分を受けとめにくくなっている。このことが最近気になります。
・バーバルコミュニケーションと非言語コミュニケーションの両方とも大事です。
高取さんは、コミュニケーション力を高めるために心得ておくべきことを、具体的な事例とともに次々と語ってくれました。響感する仲間を得た思いがし、勇気づけられました。

さて、先に例示した東大生たちには、一か月半の期間を与え、グループに分かれ「現代の日本や世界の課題を選択し、問題点の指摘と解決策の提案」をする学習をさせました。さまざまな学部から集まってきた学生たちは、環境破壊や食糧問題、児童労働などのグループごとのテーマを決め、その後、各自が自分たちの専門性を生かし、問題点と提言をレポートにまとめました。次に、それを持ち寄り、多様な角度から仲間と論議し、グループ全体としての提言をまとめ報告しました。この活動では、協力し合ってさまざまな調査をし、授業時間外も話し合いを続けたグループも多くありました。最後の授業が終了したとき、教室を出る筆者に数人が話しかけてきて「こんな楽しい授業は初めてだった」と言ってくれました。彼らも実は、本気で対話する授業を望んでいたことを知り、たいそううれしく思いました。

対話型授業を実践していて、学習者の反応の無さに落胆したり、恣意的な発言を続ける自分に自己嫌悪に陥ったりすることがたびたびあります。そうした実践研究の道程で学習者からの前向きな反応に出あえると、励まされ、勇気づけられます。

3 対話の醍醐味を感得させる

教師は、子どもたちを勇気づけることも、技能を伝えることもできます。しかし、対話に取り組むのは子どもであり、子ども自身が対話の醍醐味を実感したとき、子どもは、やがて自分自身でさまざまな対話の機会をつくり、自己の世界を広げていくことができるようになります。

この節では、子どもたち自身が対話の醍醐味を感得できるようになるための手だてを紹介します。

■対話の基礎力を高める

対話指導をしていて、ふと気がつくのは、人間としての基礎的な力を高めておかないと対話力も高まらないということです。そして、多くの子どもたちは、そうした基礎的な力を高める意図的な指導を受けてきていないことにも気づかされました。こうしたことに気がついてから、次に述べる、さまざまな活動を授業の中に取り入れてきました。

（1） 観察力・要約力を高める

観察力を高めるために、「一本の木を学生に見せ、その木について文章スケッチをする」「通学途中で見たこと、気がついたことをスピーチする」といった活動をさせました。発表させると、それぞれが多様な見方をしていることがわかります。少し高度な課題として、「日常なにげなく見過ごしていることで、実はとても大切なこと」といったテーマを与えます。ものごとをしっかり観察すると、さまざまなことが発見できることを体得させたかったのです。小学生であれば○や△の形を教室や公園や校庭で探してみる方法だってよいのです。

要約力は、対話を実りあるものにする上で重要です。訓練により、要約力を高めることができます。よく短編映画・アニメを視聴させました。そしてこの作品のテーマを三つのキーワードで示しなさい、といった課題を出しました。また友達のスピーチを聴かせ、最も伝えたかったことは何かを一文で書く活動をさせました。高度な課題としては、テレビで放映された国際会議の論議場面を収録し、視聴させ、それぞれの立場の主張の要点は何か、どんな点で対立しているのかを書かせ、さらに解決への見通しを口頭で述べさせたりしました。

（2） 多様な見方・考え方を身につける

多様な見方・考え方ができることが、対話の内容を広げ、相手の意見への理解を深めます。意識して多様な見方・考え方を身につけさせるための活動を、例示します。

課題「学校では制服を着ること」……二重の同心円を三分割し、中心部に、賛成・反対・第三の意見と記入しておく。一人で全部を記入する。外円部に、賛成の立場に立ってその理由、また反対の立場に立っての理由も書き込む。最後に第三の立場から合意可能な解決策を考えて書かせる。

課題「外国人留学生が生活しやすい環境をつくる」……個人、学校、社会の三つのレベルでの対応策を考え、三分割した記入欄に書き込む。

課題「捕鯨についての模擬国際会議」……あえて多様な立場に立って論議させる。捕鯨国、反対国・団体の立場に立った人はその理由を考えて発言する。同じく、イヌイットの人々、鯨料理店の人になったつもりで発言します。事前調査させると論議が活発化します。

このほか、文化的多元主義の考え方から、食文化・食習慣、社会的礼儀等を例に、同じ事象でも文化が異なると違って受けとめられる事例を、できるだけ多く紹介しました。さらに、グローバル教育の先達セルビーの論考を参考に、空間（世界はつながっている）、時間（現在は、過去と未来につながっている）、問題（自然環境破壊などの問題は自分たちの生活とつながっている）などについて解説し、広い視野からものごとを見たり考えたりすることの大切さも、伝えておきました。

(3) 響感力、イメージ力を高める

対話の基礎力として、きわめて大切なのが、前述した響感力、イメージ力です。対話は、聴き手と話し手の相互交流により成り立っています。その基底をなすものは、響き合い、響感力とイメージ力だと思えてなりません。多弁を弄しても相手を納得させられないことがあり、その反対に、たった一言で信頼を得たり、共感してもらえたりすることもあります。それは相手の心に響く、相手の立場をイメージする言葉を伝えることができたときなのです。

現代文明は、人間の感覚や感情を鈍化させる傾向を強めてきました。「非人間化」という現象は、こうした感覚や感情を鈍化させる傾向そのものといえるでしょう。対話力を高めるためには、響感力、イメージ力を高めることが必須です。イメージは人間の心のもちようまで含む概念として使用することとします。響感力、イメージ力を高めるためには、まず、感覚、すなわち感じる機能を活性化させる必要があります。

次の文章を読んでください。青山学院女子短期大学一年、小野かおりさんの文章の抜粋です。

「一〇月二日の授業で、『近くの人と目をつぶって握手してください』との先生の呼びかけがあり、私たちは実践した。さっきまで、すぐ近くにいた友人が見えないどころか、その存在すら、自分がふだん感じる以上に遠のいてしまったように感じ、意外と困難だった。

おそるおそる腕を伸ばして、友人の肩に触れると、自分の中に安心が生まれ、お互いの手の位置がイメージできた。けれど、「さあ握手だ」と思って手を触れ合わせるが、何かが違う。私は『カサッ』という、手と手が触れ合ったというより、皮膚と皮膚がこすり合ったような音を確かに耳にした。ふだんなら、この音よりも、相手の手の温もりや自分と相手との体温のちがい、汗などを意識していく。けれど視界が全くないあの時、真っ先に感じたのは、ほかでもないあの『カサッ』という音だった。私たちはふだん、人と人とのかかわりで、視覚に頼りすぎているのではなかろうか。今回の体験から、一つの動作に対して、五感をもっと使うことにより、見えないものを深く感じ取ることができることに気がついた」

この小野さんの体験記は、五感を錬磨することにより、生きるものとして他者の存在を感得できた感動を記しています。

もうひとつの文章も読んでみてください。対話研究仲間の都立高校の国語教師高松美紀先生の文章の抜粋です。高松先生は、「どのようによい対話を生み、人と関係をつくっていくのか。私はそのヒントを生徒からもらうことが少なからずあります。生徒の中には、驚くほど自然に人間関係を円滑にし、物事を進めることができる者がいます」と記した後、クラスのムードメーカー役を果たしているMについて記します。

「よく見ていると、Mは話題を展開しながら、まわりをよく見、常に『な、な』とでもいうふうに、笑顔と視線を一人一人に配り、ときに友人の名を呼んで話題を振るのです。ここが、Mを対話の場づくり名人と思う点です。Mは自分が面白い人間として中心になるよりは、まわりにいる人たちを次々と生かしながら、さりげなく場をつくっていくのです。つまりMは能弁家ではなく、センシティブなコーディネーターなのです。よく自分たちはグループで盛り上がっていて、無意識のうちに排他的な雰囲気をつくってしまう人を大人でも見かけますが、Mはだれもがそこに入れる自然な場を無意識につくるのです」

高松先生の文章の後段には、ハワイでの研修会に参加した体験が綴られています。主催者であるハワイ大学の教授の説明を感心して聴き入っていたとき、やがて彼は、日本からの参加者に話しかけるように語り出します。

「彼は話を続けながら、前に、後ろに、次々に丁寧な視線を投げ、言葉をかけていきました。場はさらに彼に惹きつけられ、穏やかに集中した空気を発していました。私は対話の場のコーディネーターとしての彼の力を感じました。

私はさきのMとの共通を考えました。Mの『な、な』に似たまなざしを感じたのです。人を認めていますよ、というサインを出すこと、それにより、だれもが自分をその対話の場のメンバーとして意識できる、私はそれがさりげなくできる人を、対話の達人だと思うのです。突飛で抱腹絶倒するような面白い話をするのでなくてもよい、みなに自分がその場の一員だと思わせられることが、まず対話の場のコーディネートに大事なことだと思うのです」

高松先生の文章は、響感力、イメージ力が対話にいかに大切かを示しているように感じました。ものごとを深く感じ取る力、相手の思いや立場をイメージする力は、ときには技能を超えて人と人とを結びつけます。響感力、イメージ力こそ、対話の基本と筆者が考える所以がここにあります。（多田孝志　科学研究費補助金（基盤研究－C）研究成果報告書「多文化共生社会の基本的技能、対話力育成のための指導モデル作成に関する実践的研究」所収）

(4)　自分の内部の豊かさに気づかせる

東京都八王子市立第九小学校の六年生の国語科の授業「『生きる』をテーマにパネルディスカッションをしよう」でのことです。担任の奥村好子先生は、日ごろの子どもたちの表現力から、「生きる」という難しいテーマではほとんど発言しないだろうと予想しました。そこで、まずなによりも子どもたちに、自分たちが「生きる」に関する考えや体験をたくさんもっていることに気づかせようとしました。

具体的には、これまでの体験をできるだけ想起させ、それを箇条書きで次々と書かせました。戸惑っている子には、寄り添い、小さいころや低学年時代などのことを思い出させました。やがて、どの子も二〇項目近くを書くことができました。次の段階は、その中から自分が最も発表したいことを選ぶ作業でした。子どもたちは、「チャレンジ」「家族の絆」など、「生きる」に関する最も主張したいことをまとめ、文章化しました。

実際のパネルディスカッションでは一〇人もの子どもが登壇し、自分の「生きる」を堂々と語りました。難しい課題にもかかわらず、会場からも質問が多数出ました。最後に、「生きる」についての考えが深まったことを発表し合いました。大学の後輩である宮口泉（副校長：当時）先生の要請を受け、二年間にわたり、第九小学校の対話指導研究にかかわってきました。さまざまな発見や気づきのあった実践研究でしたが、「子どもの内面を豊かにする」ことが対話への意欲を高め、対話力を高めていくことを示したことは、第九小学校の実践研究の大きな成果でした。

(5) 社会を変える力を実感させる

自分たちの対話が実際に役にたっていることを実感したとき、対話への意欲は急速に高まっていきます。山陰の小学校を訪問したときのことです、校舎の各所にさまざまな「一輪挿し」が置かれ、花が活けてありました。全校児童が自分の場所を決め、いつも野の花を活けているとのことでした。埼玉県戸田市立芦原小学校は地域との連携を重視しています。この学校の子どもたちは地域の美化のため「タバコのポイすて」をさせない工夫を話し合いました。話し合いで出てきた具体案は、校区のあちらこちらに、空き缶を利用したタバコを捨てる容器をつくり設置することでした。自分たちで製作し、メッセージを書き、実際に設置してみると、そこに投げ入れる人はほとんどいず、タバコのポイ捨て自体がなくなってきたそうです。

大阪教育大学附属池田中学校の研究には、当時の研究推進委員長の今田晃一（現　文教大学）先生の依頼を受け、数年前から参加してきました。新たな教科として「市民科」が話題となっていますが、最も早い段階でこの教科を設置したのは、この学校だったのではないでしょうか。「市民科」設置の目的は教育実践者としての高い志から生まれたものでした。すなわち、これからの国際社会で必要とされる「市民性」、とくに民主主義社会を生きる主体的行動力のある市民育成のために、新しい教科として設置されたのでした。

二年生の市民科の年間計画には、次の学習活動が位置づけられていました。

・自分たちの「参加の権利」について考えよう……アフガニスタンのこども会議から自分たちの「参加の権利」について考え、劇化し、発表する。
・現代の社会の課題の調査……テーマを決め、グループで追究したことを「市民科ミニ授業」として発表する。

中学生たちは、ただ調査しただけでなく、自分たちができることについて実際の行動に結びつけていきました。そうした協同の学習活動をもたらしていたのが、対話でした。

こうした対話の基礎力を高めることによって、子どもたちは、対話することの意義を実感し、対話への前向きな姿勢を培っていくのです。

■対話による「知的爆発」と「知的化学変化」

対話の楽しさの実感、それは実際に対話することを通して未知の世界を知ったり、さまざまな考え方に啓発されたりすることにあるでしょう。わたしたちが対話していて醍醐味を感じるのは、よい話し相手を得て、意見や情報がぶつかり合い、そこから知的世界の拡大、新たな課題・問題の発見などの「知的爆発」が誘発されたり、あたりまえだと思っていたことについての見方や考え方の転換——「知的化学変化」が起こったりしたときではないでしょうか。それが次々に生起すると、時間を忘れて対話に熱中してしまいます。こうした、いわば進化・発展していく対話をもたらす要件について、検討してみましょう。

(1) 混沌の重視

論議が行きづまったり、意見が対立して混沌としてしまったりすることがあります。そうしたとき、つい話し合いがうまくいかないとがっかりしたり、投げ出したりしたくなります。しかし、実はこの混沌の時こそ、大事な時間なのです。いままで数多くの会議で経験したことですが、

「混沌」の時間をじっと過ごしていると、やがて、だれかが新たな視点からの意見を出し、それを契機に合意への道筋が見えてきたりします。混沌の時こそ、新たな知恵や解決策を生む「創発」の時間帯なのです。混乱が生じたとき、もう少し待ってみよう、きっとよい意見ができてくるぞ、自分ももう一度考えてみようと、この時間を過ごす姿勢をもつことを勧めます。

混沌を生かす――そこには、子どもには「自ら何ものかを創り出す力」があるとの思想があります。そのよりどころは、複雑系の科学です。複雑系の科学では、「混沌とした状況から不思議にも新たなものが生み出る（組織化論）」「複数の要素が組み合わされることで、要素一つひとつがもっていた性質からは、予想もできない新しい性質が生じる（創出）」（スチュアート・カウフマン著／米沢富美子監訳『自己組織化と進化の過程』日本経済新聞社　二〇〇〇年）ことを証明してきています。このことは、対話における混沌が「知的爆発・知的化学変化」を生み出すことへの科学的根拠を与えてくれています。

(2)　沈黙の活用

沈黙は、自分自身のものの見方を意識化し、自分の本当の考えをはっきりさせていくための時間です。自分の意見をもたせるためには、だれにも邪魔されず、自分の思いにひたれる沈黙の時間を保障することが大切なのです。

また沈黙は、自己変革・自己再組織化の時間ともなります。自己の考え方の限界や矛盾に気づき、新たなものの見方を生み出す、このためにも沈黙の時間が必要なのです。ですから、対話の途中で意図的に沈黙を持ち込むことも大切なのです。また沈黙は、「単に人間が語るのを止めることによって成り立つのではない。沈黙とは、単なる『言葉の断念』以上のもの」（マックス・ピカート著／佐野利勝訳『沈黙の世界』みすず書房 一九六四）であり、無言ではあっても効果的伝達手段となるのです。「沈黙」――それは静寂ではあるが、豊かさに満ちた時空なのです。

(3) 吸収力をもつ

対話の醍醐味を実感するためにきわめて重要なのが、吸収力です。その吸収力を支えるのが、知的好奇心です。「学び」とは、疑問をもつこと、追究することです。「創る」とは、驚き、発見・気づきが、やがて内在化され創出していく活動だと考えます。対話の醍醐味は、疑問点を追究し、自分がもっていた実感・納得・本音自体を変えていき（知的化学変化）、新たな世界を発見する（知的爆発）喜びにあります。その喜びをもたらすのが、吸収力なのです。

吸収力を大切と考える筆者は、できるだけさまざまなことに知的好奇心をもち、吸収しようとします。どんな若い人の意見でも、「それどんなこと？」と問い直すことをよくします。ましてや、研究領域を異にする人々から話を聴くことは楽しくてしかたありません。

そうして吸収したことが、やがて自分の中で統合され、消化され、自分の思想になっていくことを実感することがよくあります。吸収することの楽しさをもって対話に臨むと、「そうか、そういうこともあるのか（知的爆発）」「なるほど、こんな考え方もあったのか（知的化学変化）」と、対話する醍醐味がいっそう深く味わえるのです。

（4）広義な教養を高める

迂遠のようですが、本を読む、映画を観る、美術館や音楽会に足を運ぶ、その気構えが、対話の分厚さをつくり出します。旅、登山、陶芸、テニスなどさまざまな体験が興味・関心の対象を広げていきます。たとえば旅は、世界の広さを実感させ、精神の若返りをもたらします。筆者にとって、愛犬龍之介（柴犬）との江戸川土手の散歩は得がたい思索の時空を与えてくれています。広義な教養を身につけておくことが、対話の醍醐味を増加させます。少しでも体験したこと見聞したことが契機で対話が弾んでくることは、よく体験することです。

筆者は年齢を重ねることは、「狭く・くどく・頑なになる」ことだと自戒するようにしています。視野を狭くせず、同じことをくどくど言わず、頑なにならない、このために、旅をし、未知の分野の書物を読み、知人や教え子たちと語り合ったりしています。すると世界が広がってきます。

いま、他者との関係がうまくつくれない子どもたちが急増しています。こうした傾向への対策はさまざまにあるでしょうが、文学作品を読む、自然に触れる、動物を飼うといった広義な意味での人間的素養を身につけさせることが根本的対策だと思えてしかたありません。J・デューイの「図書館を学校の中心におく」（J・デューイ著／宮原誠一訳『学校と社会』岩波書店　一九五七）主張は卓見であり、人間教育における広義な教養の大切さを示唆しており、対話の基礎力の育成にも通じます。

■教師の支援

子どもたちに対話の醍醐味を感得させるために、教師の支援が重要な役割を担うことは論をまたないでしょう。子どもたちに対話への勇気を与えるための教師の役割について、子ども観の転換と、具体的な手だてとしてのコメント力の二点から述べます。

(1) 子ども観の転換

筆者がカナダの高校で日本語・日本文化の授業をしていて感じたのは、「礼儀正しい生意気さ」がある高校生が多いことでした。教師であろうと反対意見を述べる、批判するといった生意気さと、納得できることは受け入れる姿勢をあわせもっている生徒が多数いました。一方、日本では、一生懸命授業を聴く、黒板の文字をノートに写すといった従順さがよい子の条件になりがちです。評価についても、教師の伝授したことを記憶している程度が評価(evaluation)され、序列付け(rating)されがちです。こうした評価のしかただけでは、対話力は高まりません。授業とは、子どもと共に迷い、たたずみ、立ち止まり、振り返りながら、試行錯誤と混乱を味わいつつ、知的世界をゆっくりじっくり創り上げるものです。こうした授業観に立てば、さまざまな視点からの意見を出したり、混乱を起こしたり、他者の意見に疑問を出す子どもこそ、能力が高いといえるのではないでしょうか。開放性、多様性、関係性、表現力などの視点から「子どもの真価を看取ることによって励ます（appreciation）」姿勢が、教師には望まれます。

また教師は、知識伝授型の典型的な教育技術による指導だけでなく、「表現」「対話」による授業を展開できる教育技術を習得する必要もあるのです。

(2)　教師のコメント力

子どもたちの対話力を向上させる、直接的かつ効果的な教育技法の一つは、コメント力です。適切なコメントにより、子どもたちは知見を広げ、勇気づけられ、自分の言動の価値に気づいていくことができます。教師がここぞというタイミングで効果的にコメントするためには、教師自身の研鑽が不可欠です。コメント力を高める訓練の基本は、子どもの発言を真剣に聴くことです。このことにより、発言の真意やよさがわかり、よいコメントができるようになります。また、教師自身が、教材研究や文献購読等により視野を広げておくことです。これにより、子どもの発言の位置や価値に気づき、指摘できるようになります。

葛飾区立奥戸小学校では、教師のコメントを「広げる」「勇気づける」「位置づける」に分類し、コメント集を作成しました（付録二四七～二四八ページ参照）。先生方は作成の過程で、どのような言葉で、どのタイミングでコメントすることが効果的かを授業で検証しました。自身のコメント力を高めようとするこの姿勢がコメントする力を高め、子どもたちの対話力をも高めていきました。

*

対話力を高めていくことは、自らの運命を切り拓くことにつながります。自身の過去や余儀なく課せられた条件に拘泥することなく、少しでも自分の希望にあった生活を希求していく、このためには対話の能力を磨くこと、対話に意識的になることが必要なのです。子どものころから対話の醍醐味を数多く体験させること、それは人生を前向きに生きる力を高めることでもあるのです。

本章では、共創型対話力を高めるための基本的な手だてについて記してきました。次章では、視野を広げ、グローバルな視点から、時代に対応した対話のあり方を考察します。また、そうしたグローバルスタンダードな共創型対話力を高めるための実践の留意点や工夫を紹介していきます。

3章 グローバルスタンダードな対話としての「共創型対話」の提言

これまで筆者は、中近東、中南米、北米に六年間にわたり滞在し、現地の人々と交流してきました。その間、中近東クウェートで柔道の指導を通してアラブの若者たちとふれあい、ブラジル奥地のコーヒー農場や学校を訪ね現地の人々と語り合ってきました。多民族国家カナダのバンクーバーの高校では、たった一人の日本人教師として、日本文化・日本語の授業を担当し、現地の高校生や先生方と交流しました。

国際理解教育を専門とする筆者は、帰国後も毎年、東南アジア、ガラパゴス諸島、エベレスト山麓、ケニアのマサイ族の村、豪州タスマニア島、英国の北部スコットランド、アラスカの北極圏、南欧など世界各地を旅し、またいくつかの国際会議に出席し、多彩な人々と出あい、さまざまなことを語り合ってきました。こうした体験から、日本の若者たちが、世界で生きて役にたつ対話力を高める必要を痛感していました。

世界で生きて役にたつ対話力の育成、このためにはグローバルスタンダードな視点から、対話の概念を拡大しなければなりません。筆者は、グローバル時代・多文化共生社会で必要な対話力とは、「多様な人々と互いに意見や感想を出し合い、対立や異なる意見をむしろ生かすことにより、一人ではなかなか生み出せない、新たな知恵や解決策を共に創り出せる」、また、「話し合いのプロセスを通して、お互いに理解を深め合い、良好な人間関係をつくっていける」力と考えています。こうした対話の型を、「共創型対話」と名づけました（1章4節参照）。

本章では、筆者がグローバルスタンダードな共創型対話にたどり着くまでの道程、グローバルスタンダードな共創型対話の必要性や基本的な考え方を記し、具体的な実践方法について紹介します。

1 グローバルスタンダードな共創型対話力への模索

共創型対話の構想にあたり、意図したのは、ごく普通の子どもたちに地球時代に対応した対話力を高めたいとの思いでした。その思索の日々、自身の非才に悩み、心が挫けそうになるとき支えられたのが、一七世紀京都で活躍した天才学者伊藤仁斎の記述でした。仁斎は、真理は日常生活の中にこそあるとし、「身近であるからこそ内容があるのだ。高遠ならば、必ず内容がなくなる。だから学問は卑近であることを嫌ってはならない」（『童子問』巻の上 第二四章）と述べています。この仁斎の思想に励まされ、現場の真実をよりどころに共創型対話の基本的な考え方と具体的な実践方法を模索していきました。ここでは、グローバル時代に対応した共創型対話力について、時代背景、対話の新たな役割や方向、統合の思想などを視点に見解を述べていきます。

■グローバルスタンダードな共創型対話が必要な背景

第一の理由は、多文化共生社会の現実化です。交通手段の急速な進歩、労働人口の国際的流動などにより、いまや世界各地が多文化共生社会となってきています。多様な文化や考え方、行動のしかたをする人々が同じ地域で共に生活する社会、多文化共生社会がわが国でも現実のものとなってきたのです。ですから、自分と同じ文化に育った人たちだけでなく、自分とは異なる文化をもつ人たちと共に生きるための対話力を高めておくことが必要となってきたのです。

第二の理由は、地球的課題の顕在化です。この意味を、いささか粗略ですが、人類の歩みから考察します。古代から中世に至る時代は、人類にとって生き残るために数々の障害を克服していった歳月でした。災害、疫病、飢饉等をなんとかしのぐために人類は諸学を発展させ、教育によりその成果を受け継いできたのです。しかし産業革命以降、人類は過度の物質的豊かさを追求し始めました。このことが現代につながる、地球温暖化、経済格差の劇的拡大、紛争の頻発等の地球的課題を発生させた大きな要因となったといえるでしょう。人類は、自らが主要因として発生させた課題、新たな地球的課題に立ち向かわなければならない時代を迎えたのです。

顕在化する地球的課題は、どれも相互に複雑な要因が絡み合っており、その解決には多様な立場の人々の叡智の結集が必要です。また、単に「知っている、理解している」を超えて当事者意識をもち主体的に行動することなくして、少しも解決に迫れません。知人の山岳写真家服部善美氏は、毎日深夜に八甲田山に登り早朝の写真を撮り続けています。服部氏は、「十年前に比して、山容がくっきり撮れず、紅葉に鮮明さがなく、白雪が濁ってきた。大気の汚染を実感する」と語っています。地球環境はまさに危機的状況をむかえているのです。多様な人々と共に対話し、地球的課題の解決に向け行動できる人間の育成が、人類社会の緊要の課題となってきたのです。

■「伝え合う」から「通じ合う・響き合う・創り合う」対話へ

わが国の対話指導を主として受け持つ国語教育は、「伝え合い」（学習指導要領）を目標に掲げています。このことについて対話実践研究の仲間、植西浩一先生は、「『通じ合い』と比較すると、内面的な交流という意味は、字義から考えて希薄になる」（植西浩一「『伝え合う力』継承の功罪」『教育科学 国語教育』二〇〇八）と指摘していますが、筆者の共感するところです。「通じ合い」には、情報や意思の相互交流の意識、またそのための工夫の必要がこめられているように感じるからです。

共創型対話を提言する筆者は、対話の目標には「通じ合う」とともに「響き合う」、さらには「創り合う」ことが重要とも考えています。「響き合う」ことが相互理解を深め、多様な他者と共に「創り合う」ことによってこそ、多様な他者との協調意識を醸成し、信頼感を高めると考えるからです。地球時代、多文化共生社会が現実化している今日であるからこそ、「通じ合う・響き合う・創り合う」対話力の育成が必要となってきたのです。

■「もうひとつの道」――新たな対話の方向を考察する

それでは、二一世紀の新たな対話の方向をどのように考えていったらよいのでしょうか。

筆者は、寡黙な子も好きです。寡黙な子は、やさしいのです。自分が発言することにより、相手を不快にさせたり、傷つけたりしてはいけないとの思いやりが、寡黙にさせているのです。また、寡黙な子は深く考えているのです。このため、自分の考えを出すまでに時間がかかっているのです。また、謙虚なのです。他者を押しのけて目立とうとはしないのです。こうした寡黙な子のもつ、節度、節制、謙虚さ、そこはかとない気配り、相互扶助の精神などは得がたい日本人の美質であり、いかなる時代、社会が来ようとも受け継いでいかなければならないと思います。

と同時に、二一世紀の世界の変化により、新たな時代に対応した対話力を培うことが不可欠となってきました。世界には、明確な意見をもち、言語化しなければ伝わらない文化をもつ人々も多いのです。日本文化の特質とされた「察し」「以心伝心」「あいまいさ」などでは、対応できない社会が現実化しているのです。

(1) 競争と共創

ここで問題となってくるのは、自利益の獲得を前提とした交渉・説得・駆け引きと共創型対話とのかかわりです。「世界は厳しい競争社会である。甘っちょろい『助け合い』では生きていけない」との主張があります。国際貿易、株取引、販売の最前線等で活動する人々にとって競争力は必要でしょう。そのための、相手を論破したり自分を有利にしたりするための論議方法を高める教育も展開されています。

かつて、ユネスコ派遣団の一員として、東南アジア諸国を訪ねたことがありました。ある国では、金持ちの子どもの通う私立学校では生徒一人ひとりにコンピュータが配置されているのに対し、貧しい家庭の子どもたちが進学するスラム街の学校では五百余人に一台しかありませんでした。コンピュータの操作能力がなければ一流企業には就職できません。教育が社会階層を再生産している現実をみた思いがしました。他の国では、学級のトップにならねば上級学校に進学できず、そのため苛烈な競争が教室を支配していました。

世界には、競争原理による教育が蔓延している事実はあるのです。苅谷剛彦氏は著書『学力と階層』(朝日新聞出版 二〇〇九)において、「階層で学力が決まるのか。学力が階層を作るのか」との問いを発し、多彩な調査により、前者の傾向の強まりを指摘しています。

教育が格差を生み階層社会形成の役割をになってしまうのは、根源的な誤りです。第二次世界大戦後の日本がまだ貧しい時代、筆者は両親と妹の四人が狭い一部屋を間借りし、母親の内職で生活していた家庭に育ちました。そうした時代、教育は「希望」でした。理想に過ぎるといわれようと、教育は子どもたちに自己の未来への希望をもたらすものだと言いたい。

世界の冷厳な現実を背景に、教育が社会階層を分離する危惧が高まっている事実を認識し、学校教育、家庭・社会教育、学習方法などさまざまな分野で具体的な対応策を実施する必要を感じます。わたしたちは競争原理を基調にしない教育、そのための具体的かつ有用な手だてとしての対話のあり方を模索する必要があるのです。そのヒントを、二人の知識人の記述に求めてみました。

(2)　二人の知識人から

畏友の小学校教師 善元幸夫先生が記した歴史物語『もう一つのシルクロード――唐に生きた新羅人・慧超と高句麗人・高仙芝』は、唐代を描きながら、現代社会の課題を明らかにしていった名作です。

この著書の中で、善元氏は次のように記しています。「現代人は、他より少しでも速く、多くの知識や技術を得ることが重要であると考えている。情報化の世界は、人と人の温もりのある関係が希薄になっていく時代でもある。しかしそのようにして形成された国際化の社会では、人は生きる意味を見出せなくなり、人はその恩恵にあずかるか否かにより、格差がひろがっていくのである。ではそのような国際化の社会を生き抜く『もう一つの道』はないだろうか」と。善元氏の示す「もう一つの道」、それを拓いていく具体的手だて、筆者はそれを共創型対話と考えているのです。

共創型対話の概念や具体的な手法について思いをめぐらせているとき、多くの著作から啓示されました。その一冊が大江健三郎・大江ゆかり共著『新しい人の方へ』です。そこには次の文章が記されていました。

「表面ではそこから離れているようでも、根元は繋がっている仕方で、自分の生きている社会、世界のことを考えている人。その歴史についても現在についても、自分の意見をもっている人。おなじように自分の意見をもっているほかの人を、理解することができる人。ほかの人の意見に賛成するか、反対するかは別にして、まずどういう意見かを理解できる、ということが大切です」

「他の人のいうことによく耳をすまし、注意深く受けとめることが出来るようになれば、自分が本当に言わなければならないことを確実にまとめることができます。他の人の言うことに耳をかさないで、ただ自分の意見だけを言いたてることの、弱さも自覚されます。そこから忍耐強く他の人を説得する力が生まれてきます」（『新しい人の方へ』朝日文庫　二〇〇七）

大江氏の文章から、「和」や「相互扶助」のよさを生かしつつ、相互理解の難しい他者との対話という新たな時代に対応した対話力を育成するために、基調におくべきものを学んだ思いがしました。

(3) 統合の思想に啓発される

筆者は、共創型対話の理論的背景のひとつに「統合の思想」を位置づけています。ここで、「統合の思想」について若干の考察をしておきます。

二一世紀を生きる人間形成をめざす教育の基本理念、それを筆者は「統合（integrate）の思想」と考えています。統合の思想とは、多様な分野の知見が統合されることにより、さまざまなシステムや課題が解決できるとの考え方です。統合学の研究者仲勇治氏は、統合学に重要な三要素として「透明性」「共有性」「コミュニケーション」を挙げています（仲勇治編著『統合学入門』工業調査会　二〇〇六）。

統合の思想による研究活動は、最近急速に進展してきています。北海道大学大学院システム統合学研究室での未来の電気エネルギーの開発、東京大学大学院新領域創成科学研究科、環境モデリング統合研究室における人工物と自然環境の共存を使命とした調和システムのコンセプトづくりは、その例です。人の皮膚からあらゆる細胞になる能力をもった万能細胞をつくった山中伸弥京都大学再生医科科学研究所教授は、「壁のないスペースに研究者たちがフェアな形で集まり、常に議論を重ねる。互いに手の内をあかして協力できる態勢が理想」（朝日新聞 二〇〇七年一二月二一日）と述べていますが、統合の思想による研究の重要性を示していると受けとめました。

統合学の発想は、途絶・断絶を克服し、共生・共創による社会の実現をめざす二一世紀の対話指導の方向を示すものといえます。

2 グローバルスタンダードな共創型対話力を高める

対話の機能・特色については、前章で詳記しました。ここでは、そうした対話の基本を基調におきながら、グローバル時代に対応し、対話に新たに加味すべき事項について述べます。

■世界の冷厳な現実の直視

グローバルスタンダードな共創型対話では、利害が根本的に対立している「世界の冷厳な現実」を直視します。また、「対立の克服、相互理解は容易ではない」ことを認識しておきます。

世界はグローバリゼーションの進行により、大きく変化しています。世界が結びつく一方で、その内部に矛盾や対立、あるいは不均衡も大きくなってきています。とくに顕著なのは、金融活動の拡大による極端な所得格差の拡大です。国連が発表した報告書『人間開発報告書（Human Development Report）二〇〇八』は、世界人口の約六分の一にあたる一〇億人以上の人々が、一日一ドル以下で生活していること、世界全体でのモノの消費量は全体として増えているものの、人類のうち豊かな二〇％（一二億人）が、全世界の消費の八六％を独占している反面、最も貧しい二〇％の人々の消費は、わずか一・三％にしかすぎないことを報告しています。グローバリゼーションを通じて、世界の人々が相互に密接な関係をもつようになってきた事態と、貧富の格差の劇的拡大という事態が、並行して進んでいるのです。

富の格差だけでなく、政治・宗教などをめぐり世界には国家・民族、集団・個人間に紛争・対立が頻発しています。対立を決定的なものにせず、平和裏に危機を克服する方法の可能性を探ることはたやすいことではないことを、世界の冷厳な現実は示しています。

こうした折、二〇〇八年のノーベル平和賞が、母国の歴史や自身の体験に裏打ちされた紛争仲介の哲学をコソボやナミビア等の世界各地で実践し、紛争解決に努めたアルッティ・アハティサーリ前フィンランド大統領に贈られました。「何が起ころうとも、協調の雰囲気を絶対に壊してはならない」「屈辱を与えた相手とも対話する」アハティサーリ氏のこの言葉は、共創型対話の実践に勇気と自信を与えてくれます。それではいったい、どのような対話のあり方が、途絶・断絶を打破し、共生・共創による市民社会を構築する有用な手だてとなるのでしょうか。

■合意形成を唯一の目的としない対話

その具体的な対話方法のひとつは、「合意形成を唯一の目的としない対話」です。「話し合うこと自体に意味をもたせる対話」といってもよいでしょう。利害が対立する人々、文化や価値観の違う人々と、すべてのことで合意することは難しいことです。しかし、仲間としての一体感を深めることはできます。そのための具体的な方法が、多様な参加者が語り合うこと自体に意味をもたせる「合意形成を唯一の目的としない対話」です。たとえば「安全な街をつくる」「楽しい学校にするための提案づくり」といったテーマの対話です。このような対話をすることにより、意見はさまざまであっても、仲間同士としての連帯感を高めていくことができます。

こうした対話の継続により、異なった立場、宗教、価値観などをもつ人々の間にもネットワークが形成され、相互信頼の社会関係の拡大・醸成が期待できます。また、多様な人々の対話の中から浮かび上がってきた実現可能な提言を実現していけば、異なる意見、多様化された現実を受け入れ、他者との協働（inter-action）、共生（living together）の思想を共有していく機会ともなるでしょう。「合意形成を唯一の目的としない対話」では、多様な立場の人々が参加することが、対話による実りを豊かにします。それらは、次の四つに大別できそうです。

①希望ある未来を拓くための対話……未来の社会づくりに向けて、「将来ビジョン」「開発計画」などをテーマとした対話（活動例：地域の多様な人々が街の未来像を話し合う、子どもたちが未来の理想の学校を提言する、十年後の地域づくりのための具体的なアイディアを出し合うなど）

②共通益、公共益をもたらす対話……参加者の基本的要求に対応するための手だてを出し合う（テーマ例：衣食住を確保する・就業できる等、高齢者福祉の拡充、医療活動の充実、社会不安・高犯罪社会化への対応など）

③社会改善のための対話……自分たちの住む社会にある課題・問題を解決し、よい社会を構築するための対話（テーマ例：地域の川に棲む小動物の保護、携帯電話の功罪、バリアフリーの街づくり、地域活性化のアイディアを練るなど）

④知的連帯を楽しむ対話……多様な立場の人々が語り合うことより、知的世界が統合、発展していく対話（活動例：天文学者と小学生が宇宙の果てについて想像をめぐらす、多様な人々が「理想の社会」や「生きる意味」等をテーマに語り合うなど）

こうした「合意形成を唯一の目的としない対話」の基調には、共創意識をもった二一世紀の民主的市民を育成する思想があります。歴史的に市民の誕生をみれば、権利に主眼をおく自由主義的な市民観と、コミュニティへの義務が強調される共和主義的な市民観に大別されるでしょう。二一世紀の民主的市民とは、権利に主眼をおく自由主義的な市民観でも、コミュニティへの義務を強調する共和主義的市民観でもありません。それは人々の間のネットワーク・規範・信頼などのソフトな社会関係重視の思想に基づく自立した個を認めながら、相互に依存していることを自覚し、つながり合うことを大切にする社会の構成員としての市民像です。

「合意形成を唯一の目的としない対話」を子どもたちに体験させることは、対話の基礎体力を養っていきます。完全に共感・納得できなくてもよいのです。腑に落ちないけれどいまは聞いておく、だいたいわかったけれどやっぱり賛成できない、しかしもう少し聴いてみよう、こうした体験が対話を継続する力を高めます。共生社会を生きていくために必要なのは、共感を得たり、違和感を覚えたりしつつ、それを繰り返し、お互いに粘り強く対話を続けていくことなのです。

■対立を克服する四つの方法

異なる文化的背景をもつ人々、利害を異にする人々との話し合いにおいて、対立を克服し、解決に迫るための対話をするためには、新しい手法や発想、論議展開のしかたが必要なのです。筆者はその具体的な対話方法を、留保条件の活用、部分合意の活用、段階的解決、発想転換による問題解決と考えています。

〈対立の争点〉

分類	具体的な項目例
グローバル社会	環境と開発　平和と紛争　新自由主義と公的機関による規制　難民救済　核開発　国際ボランティアのあり方　識字教育　捕鯨の是非
文化的争点	普遍性と多様性　文化的多元主義と反文化的多元主義　宗教問題　価値観の対立　異文化摩擦　外国人労働者問題
社会問題	自由と規律　観光と世界遺産保全　マスメディアの役割　相互扶助意識の低下　ペットの飼い方　清掃工場の建設　車内のマナー
性　差	男女平等　神域等における伝統と女性の行動の自由女性専用車
学校生活	ボランティアと奉仕　グループ活動をめぐる問題　場所の使い方　校則　制服か私服か
子どもの世界	携帯電話　テレビゲームと読書　パンがいいかご飯がいいか　親の言うことは聞くべきか　ペットを学校で飼ってよいか

(1)　対立の分類

まず、対立（争点）にはどのようなテーマが考えられるか、検討してみましょう。対立といっても、地球規模の課題から身近な問題までさまざまですが、たとえば上の表のようものが考えられるでしょう。

(2)　留保条件の活用

対立を克服するための有意な対話方法に、留保条件の活用があります。全面的な賛成・反対はできないが、ある一定のことが遵守されれば合意する方法です。

この典型的な事例を、NHKの番組『ご近所の底力』で視聴することができました。「犬の飼育をめぐる問題」がテーマでした。犬を飼う家が増加してきた地域でのことです。飼育規制派は、犬が増えると快適な住環境が阻害されると訴えます。一方、愛犬家は犬のいる生活の素晴らしさを語ります。この対立を解消したのが、中立の立場の人たちから提示された留保条件でした。「犬が地域にかける最大の迷惑は排泄物が地域に増えることだ。したがって飼い主は責任をもって回収する。これがしっかりできれば犬の飼育はかまわない」との案でした。この提案が双方に了承され、対立が解決されたのでした。

留保条件は対立を解消し、解決策を見つけ出すのに有用です。それでは、留保条件を使った解決法を子どもたちが習得するためには、どのようなプロセスを体験させておくことが有効なのでしょうか。これまでの実践から効果的であったプロセスを例示しておきます。

①問題の所在を知る……解決しなければならない問題についてできるだけ詳しく調べます。

②自分の意見を決める……自分はどのような意見にいたったかを一応決めます。その理由を考え、記しておきます。

自分がどの程度、賛成・反対なのかを線上にマークします。教室を椅子だけにし、賛成・反対に分かれ、向かい合って座り、意見の程度により椅子の位置を決める方法もあります。

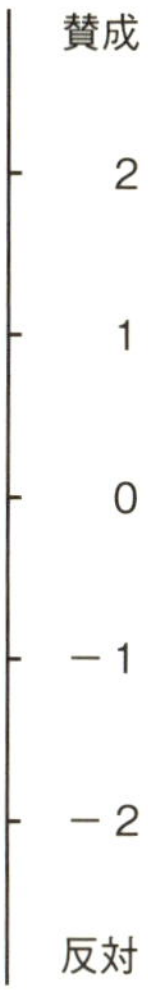

③賛成・反対両方の意見を出し合い、質疑応答します。

④他者の意見を聴いて自分の意見を考え直した人は、線上あるいは椅子の位置を移動させます。

⑤留保条件を考え、提案します。ワークシートに賛成・反対を明記し、その上で、こうした条件なら賛成・反対すると記します。

⑥留保条件付きの提案を出し合い、質疑応答をします。

⑦多様な提言を生かし、留保条件による解決策をみんなで考え、決定していきます。

ペルー日本大使公邸占拠事件

一九九六年一二月に発生したペルー日本大使公邸占拠事件でのこと、当時の日本人学校長は筆者の友人の山崎滋氏でした。一二月一七日午後八時、パーティーを開いていた大使公邸が左翼ゲリラ「トゥパク・アマル革命運動」に襲撃・占拠され、参加していた人々が人質となりました。婦女子はすぐ解放されましたが、四百余人の人々は人質にされました。山崎氏自身は二二日に二五〇人の人々と共に解放されました。事件は当時のフジモリ大統領の指揮によるトンネルを掘削しての特殊戦闘部隊の強行突入作戦により解決し、最後まで拘束されていた人々も救出されました。

校長としての山崎氏の課題は、学校再開でした。保護者の意見はさまざまでした。再開を急ぐべきとの意見がある一方、まだ危険だから拙速に再開すべきでないとの意見もあり、激論となることもしばしばだったそうです。学校運営委員会では、どうにか一か月後に再開をすることで意見を一致させましたが、反対する保護者の方々の同意を得なければなりません。

そこでPTA会長さんと山崎校長先生が、一軒一軒をまわり、保護者の方と話し合いをしました。そのときに出されたのが留保条件でした。危険を恐れる保護者の方々の意見を聴き取り、一つひとつの条件に対応策を示したのです。学校の塀を三メートルから五メートルに高くする。夜間照明を付ける。ガードマンを五人から七人に増員する。スクールバスの運行を一回だったのを三回とする。ルートも三ルートとする、といったことでした。

やがて全員が学校再開に賛成しました。山崎先生はPTA会長さんが「どんなに強い反対意見をもつ人も、気持ちを察し、要望にできるだけ対応する誠意をもって話し合えば、必ず一致点は見い出せる」との姿勢をもって対話に臨んでいたことが全員を同意させたと述懐していました。

(3) 部分合意の活用

日本社会が多文化化する中で、対立や異なる意見を調整・調和する能力の育成は、とくに重要となります。その際に有用なのが、「部分合意」の考え方です。

部分合意とは、全体での対立は解消できなくても、ある部分については話し合いにより共通理解を深め、合意していく対話の方法です。たとえば、地域に住む外国人の人々に町内会の活動に全面的な協力を期待することは無理でも、話し合いによりゴミの分別収集についてだけでも合意し、協力してもらうといった方法です。

こんな例もありました。ウミガメが産卵にやってくる浜辺を守るための、観光業者と環境保護団体との対話です。期間や場所について部分合意することにより、ウミガメのやってくる浜辺をかろうじて守ることができたのです。子どもたちの周囲にも部分合意による対立解消の事例がたくさんあります。学級文庫の利用方法をめぐり、家に持ち帰ることの是非で対立したとき、雑誌だけは持ち帰ってよいことにすることで合意する、といったことです。

全体では対立していても、ある部分について対立解消の可能性を話し合うことにより解決していく方法を習得しておくことは、多様な行動様式、思惟方式をもつ人々と共存・共生する社会では、ますます大切になってくると予想されます。

〈『異質な他者』という隣人との折り合い〉

鳥飼玖美子氏の次の文章は、部分合意の積み重ねが必要な時代の到来を感得させてくれます。

「考えて欲しいのは、近所に引っ越してきた『異質な他者』という隣人とどう折り合いをつけるかということです。日本人の価値観や日本人が当たり前としてやってきたことを知らないで、かき回してしまう人たちです。ごみの捨て方とか、お風呂の入り方とか。日本人のコミュニケーション方式を、もう少しだけ軌道修正するとしたら、ここだと考えています。黙っていたら分かり合えない相手です。ああいやだ、だめだめ、と心を閉ざすのではなく、一つひとつ言葉にして説明する。これがここのやり方なんですよ、と。相手の言い分も聞いて話し合う。それがグローバル化における、これからのコミュニケーションです」（鳥飼玖美子「opinion」二〇〇八）

(4) 段階的解決

対立を解決する対話、その第三の方法は、段階的な解決方法です。課題についてのさまざまな検討フェーズを経て、論点と合意できる点を具体的に絞り込んでいき、長期的な展望に立ち解決に至る段階的な道筋をつくる対話の方法といえます。たとえば、第一段階：問題・課題の把握、第二段階：双方の主張を聴き合う、第三段階：とりあえずの解決策を合意し、試行する、第四段階：試行後の問題を話し合う、第五段階：最終的な解決策をつくる、といった方式です。きわめて難しい問題・課題であっても段階的な取り組みによって解決への見通しができていくことが多いのです。

現代の子どもたちは、すぐ結論を出そうとします。何かを決定するときも、すぐ「じゃんけん」で決めてしまったりします。そこでは決定による有効性とか問題点、決定のための理由の検討などが除外されています。対話による解決とは、時間がかかる解決方法です。しかし、粘り強く話し合うことにより叡智が生まれ、相互の信頼関係も醸成されるのです。段階的な解決方法についての対話体験は、そうした粘り強い対話力を高める訓練にもなるでしょう。

Sくんを林間学校へ

筆者が小学校教師だったころ、担任した六年生の子どもたちが話し合って課題を見事に解決していった事例は、まさに段階的な解決方法であったことを思い出します。当時担任した六年五組に、Sという問題を起こしがちな子がいました。脳に器質的な障害があると診断されていました。彼は身体が大きく力があり、暴れ出すと教師も止められないとされ、四年生のころから、一か月ごとにクラスを変えられていました。筆者は六年生担任としてSを一年間まかされました。若く、しかも大学時代柔道もやっていたことが理由だったようです。Sはなついてはくれましたが、筆者が当時、末期癌で近くの病院に入院していた母を訪ねるため、専科の時間等に留守にすると、たびたび暴れました。机を窓から落とし、友達の腕にかみつき、また図書館中の本箱を押し倒したこともありました。

そうしたある日、林間学校へSを連れて行くかどうかが問題になりました。先生方の会議では、山道で暴れたら危険だ、他校の児童に危害を加えたら大変だとの意見が出ました。そこで、子どもたちに相談しました。するとみんなが「Sといっしょに林間に行きたい」と言いました。やがて子どもたちは、Sを林間学校に連れていくための計画を立て、実行していきました。

・Sは女の子には乱暴しないからSのまわりの席を女の子にして、我慢を覚えさせる。
・動物が好きだからウサギ係にして面倒を見させて、責任をもって何かをやる習慣をつける。
・野球で「Sルール」をつくり、Sが少しでもバットに当てたらホームランのようにベースを一周まわらせる。ルールがあること、それを守ることが大切なことを知らせる。
・近所の青戸公園でみんなで整列して道の歩き方を覚えさせる。

やがて、林間学校に行く日がきました。参加したSはうれしそうでした。みんながSをかばい指導し、山道も無事に歩き通しました。子どもたちが目標を立て、対話して見通しをもち、折々に話し合いながら段階的な手だてを実施していった成果だったのです。たった一年間の担任でしたが、子どもたちはまとまりがよく、小さな感動がキラキラと起きる思い出の多い学級でした。思えば、Sの存在がそれをもたらしたに違いありません。

この項を記していたとき、京都で仏教関係のフリーライターをしている当時の教え子の小宮山祥広君が訪ねてきてくれました。Sの思い出を語ってもらいましたが、彼は「先生、Sは本当はやさしいやつで、女の子や弱い立場の子には決して暴力を振るわなかったし、Sが暴れるときは、だれかがしつこくからかったり、ちょっかいを出したりしたときだったんですよ。それをみんなわかっていたから、林間学校にいっしょにいくのは当然だとみんなが思ったのですよ」と聴かされました。当時のS、そして担任した子どもたちの顔を思い出しながら、若く教師として未熟で、子どもたちの内面を感知することのできなかった自分を恥じました。

(5) 発想転換による問題解決

深刻な対立や意見の相違があったとき、発想を変えることにより、問題を解決していく方法です。ただでさえ問題解決は大変なのに、新たな問題解決策を追加して考えることはさらに大変そうですが、実際にはきわめて有効な方法です。

具体的には、休み時間に教室で静かに読書していたい子どもたちと、友達と自由に話し合ったり動きまわったりしたい子がいた場合、譲り合いではなく、別の場所を探し、「読書していたい子たちは空き教室に移る」といった発想を出すことです。また、校舎裏の空き地をどの学年が使うかで対立したとき、「空き地で小動物を飼う」「空き地に花を植える」というまったく新しい発想で合意したり、地域のゴミの集積場所をめぐり対立したとき、ゴミを減らす発想が出て、ゴミを有機肥料にできる器具を導入する、自宅の庭にもできるだけ埋めることなどで合意に向かうことができた例もあります。

発想転換による問題解決には、ブレーンストーミングやブレーンスライティングなどの活用が効果的です。ブレーンストーミングでは、多様な意見が出てきます。奇抜な意見でも、その趣旨を詳細に説明してもらうと、素晴らしいアイディアであることもあります。

また、第三者の知恵を借りたりすること、まったく違う立場の人の視点から、局面を変える解決策が生まれることもあります。

こうした発想を変える解決策も、子どもたちには体験させておきたいものです。

3 学校でグローバルスタンダードな共創型対話力を高めるために

学校でグローバルスタンダードな対話力を高めるために、指導者である教師が心得ておくべき事項について記します。

■多様な対話体験の機会を設定する

多様な人々と共創型対話をするためには、多様な対話経験を意図的に子どもたちにさせておく必要があります。それらは次に分類できます。

・多元的な対話……異文化、異年齢、さまざまな体験をもつ人々など多様な立場の人々との対話
・多目的な対話……交渉・説得・説明・共感・納得、共生意識の醸成等、さまざまな目的による対話
・追求的な対話……真理探究、段階的な解決、公共益、共通の価値あるものの発見などをめざす対話

・インターネットの活用による対話……新しい対話ツールとしての携帯電話や電子メールなどを活用した対話

多様な対話体験をしておくことが、生きて役だつ対話力を高めていきます。実際の場では、さまざまな対話の手法が臨機応変に活用・併用されることにより、成果を高めていきます。

生徒たちが多様な対話を体験しながら成長していった事例として、沖縄県宮古島の宮古農林高校の生徒たちの実践活動を紹介しましょう。

宮古農林高校の生徒たちの活動

宮古島は、川がない島です。生活水、牧畜業や農業に使用する水は、降水量の四〇％も浸みこむ豊かな地下水に頼っています。ところが、その地下水が化学肥料の使用による硝酸性窒素により汚染されてきたのです。宮古農林高校の生徒たちは、「地下水を守るにはどうしたらよいのか」をテーマに研究を始めました。まず現状を把握するため調査を開始しました。すると地下水は予想以上に硝酸性窒素に汚染され、人体に悪影響を与えかねない状況にあることを知りました。生徒たちはこの解決のための方策を考え、対話し続けました。

そして、さまざまな考えを出し合い、有機肥料の施肥により、化学肥料を少なくできるのではないかと思いつきました。その素材も土壌分析をした結果、島にある有機物と土壌微生物の組み合わせが有用であることを発見しました。

やがて、地域の人々に思いを語り、理解してもらい、力を借りて、有機物と土壌微生物を組み合わせた肥料の使用による生育状況や品質を調査し、その有効性が実証されました。その成果を得て自信をもった生徒たちは、島の農家や酪農家を一軒ずつ訪ね、調査結果を報告し、化学肥料を少なくするための協力をお願いしました。はじめは戸惑いを見せた人々も、話し合いを続けることにより理解を深め、成果は島全体に広がりました。

次に、生徒たちはこれまでの体験を小・中学校の総合的学習の授業で報告しました。また、お年寄りから島の地下水を守ってきた苦労について聴きました。「宮古島の地下水を守り　未来に残す」ためのこうした生徒たちの活動は、国内外で高い評価を得ました。なんと日本代表としてストックホルム世界水週間に参加し、報告したのです。しかも、グランプリを受賞しました。

指導にあたってきた前里和洋先生は、「(生徒たちが) 気づき、考え、対話し、行動したことを通して、視野を広げ、自信をもったことがなによりうれしい」と語っていました。

過日、前里先生から、いま生徒たちは、地下水の保全をめざし、環境問題と経済問題との共生を目的に南の島の利点を生かした日本ソバの栽培に取り組み始めたとの便りがありました。

■グローバルスタンダードな対話指導の留意点

グローバルスタンダードな共創型対話力を高めるためには、対話の主体である子どもたちの意欲を高めておくことが大切です。そのために日常からさまざまな機会に啓蒙しておくべき事項について、記しておきます。

(1)　啓蒙しておくべき事項

・未来志向性……現代の人々の生活や生き方が将来の社会や地球生命系に深くかかわっており、自分たちの考え方や言動が未来をつくることにつながっていることを認識させ、自分たちが持続可能で希望ある未来の担い手であることを自覚させる。

・共通の危機感の共有……現在の地球社会には、地球温暖化、経済格差、さまざまな紛争など、人類共通の課題があり、それらを解決しないと地球社会・地球生命系が崩壊することへの危機感をもたせる。

・平和の文化の構築……暴力が解決にならないことを、事実として示す。憎しみの連鎖の不毛をさまざまな機会に感得させ、納得させる。

・公共益の大切さの感得……社会を安全で住みよくするためには、自分本位でなく、公共の利益を大切にする姿勢をもたせる。ときには自利益を手放すことが、将来的に共通の利益につながり、やがて結果的に自分のためになるということも理解させる。

・相互依存・相互扶助の実感……さまざまなつながりにより社会や生命系が相互に依存し合っていることを認識させ、相互扶助による信頼関係の醸成の大切さを実感させる。

(2) 実際の学習場面で

実際の学習場面で、指導者が心得ておくべき主な事項を記しておきます。

・解決しやすい問題からスタートさせる……グローバルスタンダードな対話力の育成は、身近な問題の解決に向けての対話体験からスタートさせるとよい。学級や学校の問題を解決する手だてを、さまざまな対話手法を用いて解決する体験の継続が、グローバルスタンダードな対話の基本技術を定着させていく。

・対話の効果の具現化……対話することのよさを実感させるためには、具現化が大切である。自分たちが対話して導き出した結論が実際に役にたっているという事実が、対話への意欲を高める。

・多様な立場の人々が参加する集会の日常化……学校・社会生活において、子どもたちが多様な人々と出あい、対話する機会を、意図的に設定する。

・異文化理解の促進……さまざまな機会をとらえ、異文化理解、とくに生活生業文化の違いを知らせておく。このことは、多文化共生社会における対話を円滑にするためにきわめて重要である。

留学生の体験した不思議な国 日本

グローバルスタンダードな対話力を高めるために、異文化理解は重要です。そのことについて補説するため、筆者が大学院で担任している四人の留学生たちが語る、日本社会の不思議さについて記します。包翠琴、黄雲、陸吟遠、孫海英さんです。みなアルバイトをして学費を稼ぎながら、大学院で学んでいる、本当に人柄のよい学生たちです。

ゼミはいつも、知的興奮と融和的な雰囲気にあふれています。折々に笑いが起こり、またしみじみ語り合うこともあります。そうしたある日、包さんは自身の歩みを語ってくれました。包さんは、中国の内モンゴル出身です。四〇歳のとき、夫とともに来日したそうです。祖父母は文化大革命時、以前一人の若者に一度だけ農作業を手伝ってもらったことを紅衛兵に糾弾され、連日、通りで一日中、土下座をさせられ、その息子である父親は、重労働を強いられ若くして亡くなり、包さん自身も小学校時代から罵倒され、いじめられたと述懐していました。やがて、苦学して師範大学を卒業して教師となり、四人の弟妹に学資を援助し、大学を卒業させたそうです。四〇歳になり、やっと好きな学問ができるようになったと語ってくれました。

四人の大学院生に、日本に来て不思議に思ったことや、困難に出あったことについての体験を語ってもらいました。

包さんは、「日本の学生が真剣に学ばないことが不思議だ。カレーライス専門店で働いているが、その場にいない人の批判や文句を言うのにはがっかりする」と語っていました。

孫さんは、中国から来た朝鮮族の人です。立教大学を卒業後、多田ゼミをめざしてくれました。

正義感の強い、まっすぐな性格の女性です。その孫さんの指摘です。

「日本でアルバイトしていると、おかしいと思うことがたくさんある。勤務時間が終わっても、だらだら仕事をしている。ただ見せかけだけで遅くまで残っているようにも思える。自分の時間を削っているように見せることが、よい仕事をしていると認められるのだろうか。苦情の対応をしているが、留学生だとわかると言葉づかいが違ってくる。同じ人間なのにおかしい。よく日本人は『すみません』『ごめんなさい』というが、本当に謝っているのかわからない。不誠実ともとれかねない」

黄さんは、東京学芸大学で日本語を学んだ、向学心の高い学生です。以下は黄さんの体験です。

「日本で通訳のアルバイトをしている。衣服の説明を韓国語に翻訳するのだが、微妙なニュアンスを伝えるのが難しい。会社の人に頼まれて、宴席での通訳もする。ときどきお酌を強要されるが、母親は私をそんなことをさせるために留学の費用を出してくれたのではない。また、酔ってきて五回も同じことを通訳させられたのには呆れた」

陸さんは、蘇州からきた学生で、中国の日本語学習をテーマに修士論文を書こうとしています。その陸さんは「日本式の割り勘が不思議だ」と言っていました。中国では性差、年齢に関係なく、誘った者が払うのだそうです。

四人の留学生との対話は、異文化理解、異文化間コミュニケーションのよい学習機会となりました。たとえば、日本人が「ありがとう」と述べるのは、相手との人間関係を円滑にするためであること、民族によって対人距離や時間の感覚が違うことなどです。陸さんは、日本の友達に本を買ってもらい、代金を渡すとき「ありがとう」と言われ違和感をもったと言い、孫さんは、日本で娘がかなり大きくなっても父親といっしょに入浴することに本当に驚いたと、目を丸くして語っていました。

日本人が日常あたりまえと思っている言動が、文化の異なる人たちには違和感をもたれることがあること、また逆に日本人から見て不可思議な習慣や言動が、それぞれの文化では日常的なことであること、こうしたことを、できるかぎり子どもたちに伝えておくことが、グローバルスタンダードな対話の基礎づくりとして大切なことです。

■提言体験を

グローバルスタンダードな対話力の育成、その大きな目標のひとつは、論議を尽くしたことを生かして提言する力を高めることです。その事例を紹介します。

都立新宿山吹高校は、単位制、無学年制という特色ある高校です。定時制課程、通信制課程、生涯学習講座、一部科目履修があり、生徒は目的と生活スタイルに合わせて学ぶことができます。

国際ボランティア研究部顧問の斉藤宏先生は、青年海外協力隊員としてセネガルに滞在した体験をもつ、開発教育の実践者です。志を同じくする仲間である斉藤先生の誘いを受け、生徒たちの調査報告を聴くため、新宿山吹高校の文化祭に出かけてみました。高校生たちは、実に見事なプレゼンをしました。そのひとつ、佐怒賀暁子さんのプレゼンのようすを紹介しましょう。

報告テーマ「ナイルパーチの悪夢」

①自己紹介

英語、フランス語、アラビア語で自己紹介する。

②アフリカ・ヴィクトリア湖のナイルパーチがもたらした深刻な問題を報告

・現地の人々が平和に暮らしていたヴィクトリア湖に、高値で売れる魚「ナイルパーチ」が養殖目的で放された。

・ナイルパーチは急増し、湖にいた魚を捕食していった。このため他の魚がとれなくなった。

・湖の周囲にナイルパーチの加工工場が多数でき、漁師たちはやむなくそこで働いた。

・しかし、経営者だけが儲け、働く人々は低賃金で貧困を極めるようになった。

・漁師の奥さんは、生活のため身を売る事態となった。

・エイズが蔓延し、多数の人々が亡くなった。

・両親を失った子どもたちは、ストリートチルドレンとなっていった。

・ナイルパーチは欧州に輸出され、その代価により欧州から武器が送られた。

・ナイルパーチはかつて「スズキ」として私たちの国、日本にも送られてきていた。

・いまは表示の明瞭化が求められ、スズキとしては市販されていないが、レストランや弁当屋などでは使われている。

③提言――私たちにできることは

知るだけではなく、行動しなければならないと思う。そのために、まずこうした事実を知らせることが大切だ。フェアトレード店の紹介、支援の資金援助のため使用済み切手の収集など、できることから活動したい。

④メッセージを込めた歌

ニュージーランドでホームステイしたとき出あったバングラディシュの友達が教えてくれた歌「ひとつしかない地球」を、手話も交じえて歌う。

このプレゼンは、聴き手を引きつける導入、事実を調査した重みが説得力を高めた報告、自分の考えを明確に出した提言、聴き入る人々を感動させた最後の歌と、見事なものでした。

斉藤先生の配慮で高校生たちの発表について感想を述べた筆者に、佐怒賀さんから翌朝、次のメールが送信されてきました。

〈佐怒賀さんからのメール〉

「ひとつしかない地球」は、島唄などで有名なTHE BOOMの宮沢和史さんが、作詞・作曲をしました。

私が小さいころから入っているラボ・パーティーという外国語教育団体の四〇周年のテーマソングでもあり、この団体の約一万人の子どもたちが、英語と日本語と手話でこの歌を歌いました。

この歌の魅力は、小さな子どもたちでもわかる単純な歌詞に見えますが、一番わかりやすい言葉でとても大切なことが歌われているところだと思います。世界にはたくさんの人種、宗教、そして生まれ育ってきた環境の違いがあり、もちろん同じ日本人でもみんな全く違う意見や常識をもっています。

みんなで同じ世界を共存して生きていくために必要なのは、自分たちの常識をぶつけ合ったり、相手を否定して傷つけたり、戦争したりすることではなくて、それぞれ違う考えをもっていても、それをお互いに尊重し合い、それぞれの役割を果たしながら力を合わせて協力していくことだと思います。

いつも、ニュースでは悲しい事件がたくさん流れています。「だれでもよかった」といって命を奪う事件が、とても悲しくてしかたがありません。一人ひとりが輝けて、一人ひとりの命がとても大切なんだという一番大切な認識が、だんだんいまの社会の中で薄くなってきているのかなと、高校生ながら感じていました。今日、この歌を歌ったのは、世界で共通している一人ひとりの命の大切さを伝えたかったということもあります。今日は、ボランティア研究部のプレゼンテーションを聞いてくださり、本当にありがとうございました。

「ひとつしかない地球」

ひろげた地図の／この世界のどこか／いつか知り合う友達がいる／顔も言葉も食べるものも違う／見知らぬ君を探しにいこう

一人のちから小さいけれど／君と一緒ならできるはず

一つしかない地球の上で／僕らの笑顔が花になる／一人に一つずつの命／地球と同じ重さの命
どこまで続く／この海の向こうで／涙を流す人たちがいる／声も背丈も髪の色も違う／君も今日から僕らの仲間
一人じゃとても叶わぬ夢も／力あわせれば届くだろう
一つしかない地球の上で／僕らの笑顔が花になる／一人に一つずつの命／地球と同じ重さの命

＊

本章の最後に、グローバルスタンダードな共創型対話力の基調におくべき、人と人とのかかわりについて記しておきます。

これまで筆者は、世界を旅し、長い旅の途上で多くの人々とめぐり合い、対話し、多くのことを啓発されてきました。ガラパゴス諸島では、若い女性ガイドから自然保護の大切さを知らされました。ローマでは、日本での保証された地位を捨て、彼の地に二十余年滞在し、イタリア文化と日本の文化の融合をめざす宝飾職人と出あいました。彼からは、イタリアの文化の多層性と

「技」を重視する社会について聴くことができました。家族で南米、アジア、北米、そして欧州に長期の旅をしてきた旅程で、道に迷い、忘れ物をし、子どもが病気になるなどの多くのトラブルが発生しました。そんなとき、現地の人々の親切に何回となく救われ、勇気づけられました。

国際性とかグローバル意識とは、流暢に外国語を話せる能力や、きらびやかな学芸の才気や、事業のスケールの大きさではない。それは相手の立場を思いやるやさしさ、お互いが地球社会の一員であるという仲間意識をもてることではないでしょうか。その仲間としての絆をより強くできるのが、グローバルスタンダードな共創型対話なのです。「対話を疑う」ことでなく、「対話に向き合う」主体を醸成し、多様な他者と響感し合う体験を重ねさせていくこと、それが希望ある未来を創っていく、いま一人ひとりの平凡な生活の中で、それが試されているのだと思われてなりません。

対話力を事実として高めるためには、「対話スキルの習得」「対話型授業の展開」「対話的雰囲気の日常的な醸成」の三位一体の実践が有効です。このことを実証したのが、豊田市立下山中学校の実践研究でした。

研究発表の日、授業を参観させていただいたときのことです。全学級で対話を活用した授業が公開されていたのですが、どの教室でも生徒たちの対話力の高さには驚かされました。

二年前、この学校をはじめて訪問したとき、授業中、ほとんど発言がなく、先生に指名されると、下を向いて小さな声で発言する生徒がたくさんいたのでした。その生徒たちが、友達の意見をきちんと聴き取り、また活発に発言しているようすを見て、これはすごいことだと思いました。

感心させられたのは、生徒全員が積極的に授業に参加していることでした。とかく自分を出したがらない中学生たちが、この学校では笑顔で語り合っていました。論議の過程で自分の考え方を変えたり、さまざまな友達の発言を聴いてそれを生かした意見を言ったり、新たな発想からの提案を出したりする生徒もいました。

生徒たちのそうした姿に、「対話とは何かについて知り、対話力を育む学習を継続すれば、どの子も高い対話力を身につけることができる」ということを確信しました。

本章では、「三位一体の実践」の有用性、そしてその中核である対話型授業を創る具体的な手法について実例を紹介しつつ記していきます。

1 豊田市立下山中学校の実践研究

豊田市立下山中学校では、「対話型学習による新しい授業づくり――国際社会に生きる子どもたちへの支援」をテーマに全校を挙げて実践研究に取り組んできました。筆者はブラジル・ベロオリゾンテの在外教育施設勤務時代からの盟友、柴田育朗校長先生の依頼を受け、この学校の研究に継続してかかわらせていただきました。

(1) 下山中学校の実践研究の特色

① 自校の生徒の対話力に関する現状を調査し、また、めざす生徒像を明確にし、そこを実践研究のスタートとした

「めざす生徒像」……新たな知見や結論を創造する生徒、人とのかかわり合いがうまくで

きる生徒、自分の考えをもてる生徒

② **研究のねらいと構想を明確にした**

・「プレゼン力」「要約・自己再組織化力」「聴く力」を重視し、共創型対話力を高める。

・「対話力アップスキル」「共創型対話授業」「学校全体での対話型環境の醸成」の三位一体の実践により生徒の対話力を高めていく。

(2) 実践研究の実際

① **「対話力アップスキル」体験を継続して実施してきた**

・一五分スキル…朝の会、帰りの会のはじめなど短時間にできるときに行う。

・五〇分スキル…学級活動や総合的な学習の時間など十分な時間がとれるときに行う。

スキル実施後、所定の評価表を活用し、自己評価と担任評価を行ってきた。

② **全教科・領域の学習において共創型対話授業の開発研究を進めてきた**

対話型授業では「修養としての学び」と「対話による学び」を組み合わせる。

・「修養としての学び（一人で思考を深める、内在化）」とは、自分自身のものの見方を意識化し、その限界や矛盾に気づき、新たなものの見方を生み出す学び。

・「対話による学び（ペア活動、グループ活動、全体活動を適時活用する）」とは、多様な他者と、対話を通して、違いを尊重しつつ相互に啓発し合い、高まっていく学び。

〈各教科・領域の共創型授業例〉

教科等	単元	学習課題
美術	1年　いろいろな表現技法を身に付けよう	新しい描き方を身に付けよう。
家庭	1年　快適に住もう 住居の機能とすまい方	より効果的な掃除の方法を探ろう。
英語	1年　どこにある、誰のもの （はじめてのカナダ旅行）	Where Whose を使ったリアルなスキットをつくろう。
学活	2年　10年後の自分へ 職業について考えよう	自分に適した職業を探ろう。
理科	2年　電気の利用 科学的見方を高めよう	電流を流すとシャープペンシルが光るわけを考えよう。
社会	2年　下山未来創造プロジェクト （過疎問題を考える）	下山の未来計画を話し合おう。
国語	伝え合おう、読み取ったこと考えたこと —勇気について—	勇気をテーマとする作品の読書交流をしよう。
数学	3年　君もレオナルド・ダビンチ 図形と相似	レオナルド・ダビンチの方法を使うと、どうして上手に絵を書くことができるのだろう。
保体	3年　WE LOVE DANCE	班の創作振り付けを練り上げよう。 みんなでアドバイスし合う。
美術	ささゆり学級 わたしだけのおさかな	いろいろな色の模様を工夫して、おさかなに色をぬろう。

(3) 実践の成果

一一月一二日の研究発表会当日、多数の参観者と各教室の授業を見て回りました。少々忙しかったのですが、全教室の授業の前半と後半を参観しました。前半、生徒の多くが沈黙し、思考を深めていた授業が、後半には活発に論議をしていくようすが、さまざまな学級で見られました。先生方はこの研究をどのように受けとめているのでしょうか。研究報告書の「研究のまとめ」から抜粋してみましょう。

「対話型授業をはじめた当初、対話力は日本人にとって最も苦手な分野であり、山間地に育った生徒の環境からは、短期間での大きな成長は難しいと感じていた。授業をはじめ、教育活動のさまざまな場面で共創型対話力を培うことで、傾向は緩やかであるが人とかかわり合うことに自信を深め（内面的成長）、うまくかかわろうとすることができるようになってきた（社会的成長）といえる。

対話型授業を終えての感想に、『授業がよくわかるようになった』『授業が楽しくなった』『発言したり意見を聴いていくうちに解決した』という声が聴かれるようになってきた。また生徒集会など人が大勢いる前で挙手をし、発言する生徒が増えてきた。さらに職場体験など地域に出かけたとき、他の人とうまくかかわり合いができるようになってきたこと、文化祭で対話する楽しさをテーマとした内容で発表したことなど、対話することで自立心をもてる生徒が着実に育ってきた。これらの変容は、国際社会に生き抜く素地ができつつあることを示している」

下山中学校の実践研究は、①生徒の実態を把握し、日常からスキル学習を継続し、対話の基礎力を高め、②各教科の特色を生かした授業を創り、実施し、さらに③学校全体の教育活動を対話力向上の視点から見直し、対話場面をできるだけ設定する、こうした学校全体の三位一体の取り組みでした。子どもたちの対話力を高めることが、自己肯定感を高め、人間関係の苦手意識を払拭し、前向きに生きる力を培う、こうした人間としての総合力も高めていくことを実証した研究でした。

学校全体を対話的環境にする

下山中学校の生徒たちの対話力の向上を下支えしてきたのが、「学校全体を対話的環境にする」ことでした。下山中学校では「学校全体の教育活動を対話力向上の視点から見直す」ことにより学校全体を対話的環境にしてきたのでした。

「学校全体を対話的環境にする」、それはどのようなことか説明しておきます。筆者が「学校全体を対話的環境にする」ことの大切さを認識したのは、カナダの高校に勤務し、またさまざまな国の学校を訪問したことによります。ユネスコ海外教育事情調査派遣団の団長として、ニュージーランドの小学校を訪問したときのことです。なんと学校案内をしてくれたのは小学生たちでした。一人の団員に二人の小学生が付き添い、校舎や校庭、体育館などの施設を案内してくれたのです。かつて豪州タスマニア島の高校や英国の高校を訪問したときにも高校生たちが案内してくれたことを思い出します。

勤務していたカナダの高校ではミュージカルが毎年公演されていましたが、演技力の高さに驚かされました。また、毎学期、全生徒が集まった表彰式がありました。アカデミー賞の授賞式風に、さまざまな分野で活躍した生徒を称える式です。司会者が名前を呼び上げると校長先生がユーモアを交えながら表彰理由を語り、受賞した生徒が短いスピーチをします。スピーチが終わるたびに拍手が起こり、会場は笑いと感動にあふれます。

忘れられなかったのは、卒業式です。ガウンを着用した卒業生たちが次々に登壇し、卒業証書を校長先生から受け取るのですが、その年は片手に赤いバトンのようなものをもって登壇していました。そして、それを檀上のお世話になった先生方に手渡すのです。よく見てみるとニンジンでした。ニンジンをいっぱい持たされている先生方の姿に、会場から笑いが起こりました。隣席の教師が「今年の卒業生が話し合って決めたアイディアだよ」と教えてくれました。毎年、卒業生が集い、思い出になることを一つ企画するとのことでした。

印象的だったのは、生徒代表のスピーチでした。在学中の思い出を回顧し、教職員への謝辞を述べ、未来への決意を語りました。ときにはユーモアを交え、エピソードを挿入した、見事なスピーチでした。隣席の同僚は、「今年のスピーチはよかった」とささやきました。日本の学校の卒業式でもこうしたスピーチによる謝辞があってもよいと思ったことでした。

日本の学校でも教育活動を対話の視点から見直すと、子どもたちが多様な人々と語り合う機会が意外に多く設定できるでしょう。また、「対話的環境を醸成する」ことは、可視的な活動ばかりでなく、子どもたちの内面を育てることでもあるのです。カナダの高校に勤務していたとき、授業中によく質問や批判が出ました。授業後も教員室や廊下で質問を受けました。こうした対話があたりまえの雰囲気をつくることによって、子どもたちは自然と対話力を高めていくのです。

2 対話型授業を創る

「子どもたちが夢中になり、語り合う対話型授業を創る」、このための具体的な手だてを検討していきましょう。

■対話型授業とは

ここでは、「対話型授業の二一世紀の教育における意義」「対話型授業の本質」「対話型授業の分類」の三点について記します。

(1) 対話型授業の二一世紀の教育における意義

対話型授業は、二一世紀の人間形成に資する有用な教育手段です。「学ぶことの意味」「二一世紀の教育の方向」の二点から、対話型授業を展開する意義について考察しておきましょう。

「学ぶ」とは、自己の世界に根づきつつ、他の異なった世界と出あい、「自我」が変わることです。他者と共に「学ぶ」ことの意義は、多様なものとの「出あい」を通して、自他の「世界」を豊かにし、さらに新たな知的世界を共に創る喜びを共有することにあります。こうした学びを創るのに最も効果的なのが、対話型授業なのです。

地球温暖化、新型インフルエンザの脅威等の地球的課題を解決し、共生・協調による地球社会を構築していくためには、多様な立場の人々が対立や相互理解の難しさを超え、新たな価値を求めて参加・協働すること、「知の統合」が必要だと考えています。対話型授業は、こうした「知の統合」を具体化し、子どもたちに体験させる機会なのです。

(2) 対話型授業の本質

対話型授業の本質について考察していきましょう。瀬戸健氏（現 上越教育大学教職大学院教授）は、筆者の大学院同期の得がたい友であり、気鋭の実践型研究者です。彼の依頼で、当時瀬戸氏が副校長として勤務していた富山大学教育学部附属小学校（現 富山大学人間発達科学部附属小学校）の「対話する子供を目指して」を研究主題（平成一五～一九年度）とする実践研究に参加してきました。この研究には、水原克成氏（東北大学）、富士原紀絵氏（お茶の水女子大学）、宗孝文・雨宮洋司・神川康子（富山大学）の各氏といった多様な分野の研究者が参集し、附属小学校の先生たちと共に論議し、実践を検証しつつ「対話型授業」のあるべき方向を追究してきました（詳細は『対話が授業を変える――子供が心揺さぶられる瞬間』富山大学出版会 二〇〇八 を参照ください）。

この実践研究の企画・推進の中心者であった瀬戸氏の次の厳しい指摘は、対話を授業に持ち込むことの本質を突いています。

「教育実践において、あるテーマを掲げて多数の実践者が研究に取り組もうとするとき、必ずと言ってよいほど誤解が生じる。その誤解は、テーマを具現化しようとするときの致命傷になりかねない要素を含む。

『対話』研究でも、ちょっとした理解の齟齬が、決定的な実践の違いとなって表現されたと感じている。つまり、『対話』の研究をするには、子供が『対話する』ことが必要になる。子供が『対話する』ためには、教師は『対話させる』ようにしなければならないと考えてしまうのである。

子供たちは賢いので、教師が『話しなさい』といえば、教師につきあって発言してくれる。『はい。はい』と手を挙げ、教師が喜びそうな答えをいう。教師は『そうですね』と受けて、授業を先に進める。しかし、ここにはまるで儀式のような時間が流れているだけで、子供が自分のこれまで重ねてきた学習の感動も他者の成果に対する畏敬もない。対話の対極にある授業だといえる。そうではなく、『対話したくなる』『対話を求めていく』子供を育てるには、どうすればよいかを教師は真剣に考えなければならない。

『対話』研究の中で、私たちは何度か『今日の授業は、対話と呼んでよいか』という問いを発した。実は、そのこと自体がすでに研究の隘路に落ち込んでいると言わねばならない。なぜなら、『対話する子供』が創る対話の授業は、『話したくてしかたのない子』『聞きたくてしかたのない子』があふれている授業であって、それは、教師でなくともわかるくらいの、内容の深さ、意欲の高さにあふれた授業だと考えるからである。まず必要なのは、教師たちの対話なのである」（瀬戸健「対話による研究を目指したある学校のレポート」多田孝志 科学研究費補助金研究成果報告書『多文化共生社会の基本技能、対話力育成のための指導モデル作成に関する実証的研究 二〇〇八』所収）

(3)「対話を中心活動とする授業」と「対話のよさを加味する授業」

教師の意図を先取りしつつ発言する「儀式のような時間」でなく、瀬戸氏の指摘する「話したくてしかたのない子、聞きたくてしかたのない子があふれている授業」を展開していくにはどうしたらよいのでしょうか。

このことを検討する第一歩として、まず対話型授業を「対話を中心活動とする授業」と「対話のよさを加味する授業」に大別しておきます。「対話を中心活動とする授業」とは文字どおり、対話活動が授業の中心活動の授業であり、ペアによる対話、グループでの対話、学級全体での対話、シンポジウム、パネルディスカッションなどの対話活動に授業時間の大半が使われます。

「対話のよさを加味する授業」とは、教師が意識を改革することにより、対話のよさを授業に「プラスワンする」、あるいは「スパイスのようにふりかけていくことができる」との考え方による対話型授業です。たとえ形式は講義型、伝授型であっても、短い時間でも隣席の子と話し合わせる、学級全体の意見交換の場面をつくる、教師主導の一問一答での展開でも意図的指名により多様な角度からの考え方・感じ方を出させるといった、対話をちょっと持ち込む、対話のよさを意識的に生かして授業を進める、こうしたことにより学習効果を高めていく授業もできるのです。対話型授業を構想するとき、本格的な「対話を中心活動とする授業」か、あるいはプラスワン、スパイスによる「対話のよさを加味する授業」なのかをまず考えておくと、対話のよさを無理なく生かせる授業がイメージできます。

山形県教育委員会では、「やまがた教育『C』改革」を掲げ、「コミュニケーションを核として、学校経営、授業、家庭、地域とのかかわりにおける教育活動全般を見直し、改善することにより、県教育の新生」を図ろうとしています。二〇〇八年九月、「やまがた教育『C』改革」研修会に参加しましたが、筆者の講演に先立って実践発表が行われました。その折、報告者が語った「プラスワン、スパイス」の発想に深く共感しました。研修会に参加し、教育委員会の方々と語り合い、コミュニケーションを核とし山形県の教育改革の先駆性に同感し、この教育活動に筆者も主体的に参加することに同意しました。

■対話型授業を構想する

多様な対話型授業を創り、授業を参観してきた体験から得た、対話型授業を構想するために心得ておくべき事項を記していきます。

(1)　対話による学習のプロセス

対話型学習において、子どもたちは概ね次の段階で活動していくことになります。それぞれの段階で思考を深め、視野を広げるための工夫をすることが授業の質を高め、子どもたちの対話力を向上させます。

①事象や課題に関心をもつ段階
②問題意識をもち、さまざまな角度から思考し、自分の考えをつくり上げている段階
③自分の考えを伝えたい、友達に聞いてみたいという切実感、必要感が起こる段階
④話し合いにより、互いの考えを知る段階
⑤自分とは異なる出あいに心揺さぶられる段階
⑥新たな自分の考えを再組織化する段階

子どもたちは「社会・自然との対話（事象に興味・関心をもち、探究する）」「他者との対話（聴く・話す）」「自己との対話（沈黙や書くこと）」を臨機応変に行いながら思考を深め、視野を広げていきます。①〜⑥は固定したプロセスでなく、ときには順序を変え、また繰り返しながら進行していきます。筆者は、「⑥新たな自分の考えを再組織化する段階」こそが重要であり、対話する意義はこの段階にあると考えています。

富山大学附属小学校の「対話する子供が育つ学習過程」

富山大学附属小学校では、各教科・領域の対話型授業を継続研究し、その成果を集約し、「対話する子供が育つ学習過程」を次ページの図のようにまとめています。

対話する子供が育つ学習過程

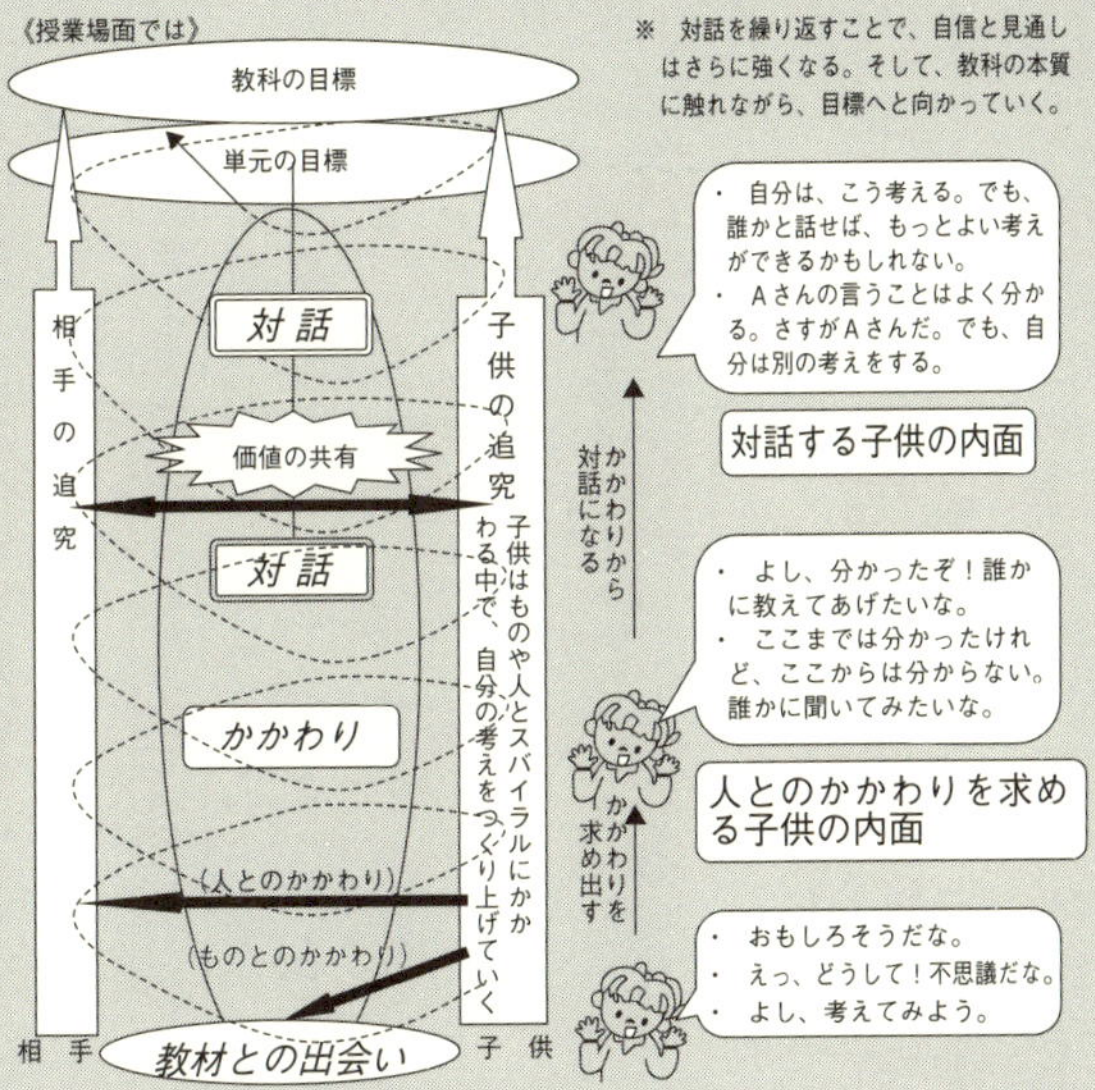
《授業場面では》
教科の目標
単元の目標
相手の追究
子供の追究
対話
価値の共有
対話
かかわり
（人とのかかわり）
（ものとのかかわり）
子供はものや人とスパイラルにかかわる中で、自分の考えをつくり上げていく
相手
教材との出会い
子供
※　対話を繰り返すことで、自信と見通しはさらに強くなる。そして、教科の本質に触れながら、目標へと向かっていく。
・　自分は、こう考える。でも、誰かと話せば、もっとよい考えができるかもしれない。
・　Aさんの言うことはよく分かる。さすがAさんだ。でも、自分は別の考えをする。
対話する子供の内面
かかわりから対話になる
・　よし、分かったぞ！誰かに教えてあげたいな。
・　ここまでは分かったけれど、ここからは分からない。誰かに聞いてみたいな。
人とのかかわりを求める子供の内面
かかわりを求め出す
・　おもしろそうだな。
・　えっ、どうして！不思議だな。
・　よし、考えてみよう。

（2） 授業構想の手順

対話型授業を構想するための具体的な項目と手順について、「学習プラン作成メモ」を引用し、説明します。筆者が、授業づくりをテーマにした初任者研修会や十年研修会でよく使う資料です。

①対象学習課題		学年・学級、人数、学習課題
②学習目標の設定		教科・領域の目標と対話にかかわる目標の併記
③授業を構想するための考慮すべき事項	学習方法	課題追究型、参加型など授業で活用する学習方法を具体的に記す。
	教材開発	使用教材について、特性、生かし方、活用場面等を記す。
	学習形態	グループ学習　フィールドワークなどの形態を記す。
	学習時間	学習の時間を記す。
	学習空間	学習の場所を記す。
④学習プロセスの作成（創意工夫・留意すべき事項）	イメージアップ	本時の学習の流れをイメージする。
	学習計画	対話のよさを生かした学習プロセスをつくる。
	対話の時間	対話の場面を授業に明確に位置づける。
⑤教師側の態勢		教師のみでなく、多様な人々との交流についても記しておく。自由記述（アイディア等）。授業に関するさまざまな創意工夫を記しておく。
⑥授業を省みる		授業展開、子どもへの対応、教材研究、指導技術について反省的に考察する。

(3) 効果的な対話場面の設定

授業の流れの中に、対話を効果的に位置づけるための手順について記します。

① 対話を活用する目的を確認する

さまざまなアイディアや体験などを自由に出し合うことにより仲間意識を醸成するための対話なのか、対立を克服することを目的とする対話なのか、真理を追究する対話なのか、それらの複合型なのか、等々の対話を活用する目的を明確にします。

② 授業における対話の位置づけを決める

「対話を中心活動とする授業」なのか、対話をプラスワン、あるいはスパイスする「対話のよさを加味する授業」なのかを決めておきます。

③ 教材研究し、効果的な対話場面を設定する

効果的な対話場面の設定に最も重要なのは教材研究です。教材研究は指導者の立場だけでなく、子どもたちの実態を踏まえた、子どもの視点からの検討も必要です。

教材研究により効果的な対話場面を決定していった事例として、東京都葛飾区立清和小学校の「国語科の読解力の育成に対話をもちこむ」実践研究を紹介します。この学校では、指導にあたってこられた河西泰道先生の教示を得て、教材研究をする方法として文章構想図を作成しました。説明的文章のみでなく、従来、難しいとされた文学的文章についても果敢に取り組み文章構

想図を作成したのです。この文章構想図は、場面ごとに、「指導目標」「読み取らせたい内容」「おさえたい表現」「学習活動」によって構成されています。「学習活動」には、学習過程のどこで対話させるのかが、どの授業でも明確に位置づけられていました。

二〇〇九年一月三〇日の発表会当日、本間校長先生の案内で河西先生とともに「スイミー」「白いぼうし」「本に親しみ、自分と対話しよう：カレーライス」の授業を参観しました。二人で、またグループで楽しげに語り合う子どもたちのようすを見て、文章構想図作成による対話場面の設定が、読解にも有用であることを実感しました。

各教科・領域において、目標や特色を念頭におきつつ教材研究をすることにより、対話を効果的に活用できる学習場面が設定できます。

④ 指導案に位置づける

対話を授業に効果的に生かす、このためには、対話場面を指導案にも明確に位置づけることが必要です。対話を明確に位置づけた指導案（部分）を例示（一二九～一三〇ページ、一三一～一三五ページ）しておきます。

(4) 予定調和的でない対話型授業

対話を授業に位置づける本来的な意義を具現化する学習として、「ステージ方式の授業」について紹介しておきます。この「ステージ方式の授業」に年間を通して本格的に取り組むことには

第2学年1組 学級活動指導案

平成21年4月23日（木）第5校時
指導者　　朝日　朋子

■ 活動名 「みんな なかよし　ー学級の歌をつくろうー」

〔共通事項〕（2）ウ 望ましい人間関係の育成

<話合いたいと思わせる状況作り>

（1）題材，話題，活動設定の工夫
①学級が楽しくなる、元気が出てくる，「学級の歌」を作るという，児童にとって興味関心のある題材を設定する。親しみのある曲の替え歌とし，作詞に対する抵抗感をとるようにする。
②活動の大きな目標が「みんなが，今よりもっと，仲良くなるためのものである」ということを明確にする。

（2）聞く力や聞く態度の育成，話す力の育成
①グループで話し合う前に，自分一人で考える時間を確保する。
②自分の考えをまとめるため，前時で話し合った，「学級のよいところや，がんばるところ」の具体的な記述を掲示しておく。
③自分の考えた歌詞をワークシートに書いておくことにより，グループでの話合いの時，自信をもって発表することができるようにする。
④「うれしい話の聞き方」をふだんから確認し，掲示しておき，大事なことを聞き落とさないで聞くようにする。
⑤一人が決めるのではなく，話し手と聞き手が交互に入れかわりながら話を続けていくという，国語科で身に付けた話合いの仕方を活用し，グループ全員が考えを出し合い，みんなで考える楽しさを実感させる。

（3）環境設定の工夫
①4人グループで話し合う。少人数のグループで話し合うことは，一人一人の話す機会が増えるとともに，話すことが苦手な児童も話しやすくなる。話し合う力をもとに教師がグループのメンバーを設定する。
②グループでの話合い，全体での話合いの場面ごとに机の配置を工夫する。

（4）自己肯定感をもたせる工夫
①考えがせまくならないように，多方面から児童のよりよい記述を取り上げ，褒めるようにする。
②グループの友達が協力して作ったものを発表し合う。他のグループの発表を肯定的に聞くように指導する。
③歌詞が考えやすいように，元歌が書いてあるワークシートを用意する。歌詞全部を考えるのではなく，一部を考えさせるようにして，歌詞作りが苦手な児童の抵抗感をやわらげたり，短時間でも完成できるようにし，達成感をもてるようにしたりする。

（5）教師のコメント力をつけるための工夫
①歌詞の出来ばえを評価するのではなく，多様な歌詞や話合いの内容のよいところに着目し，児童に発表させたり教師が紹介したりして認めるようにする。
②上手に話せなくても，相手の言いたいことを受け止めるよう助言する。
③自分の考えや理由が言えない児童には，グループで助け合うよう助言をする。
④活動を行ってよかったと思えるように，うれしい気持ちをたくさん発表させる。

■　本時の指導（1／1時間目）

（1）本時のねらい

学級のいいところや，がんばりたいことなどの特徴を考え歌にし，話し合うことや，協力し合うことのよさを感じ取り，友達に対して肯定的な感情をもち，仲良くしようとする。

（2）展　開

学　習　活　動（予想される児童の反応）	響き合い，高め合いにする支援◇　留意点・　評価☆
1　課題を把握する ○本時のめあてと活動を確認する。	・学習の順序やルールを確実に理解させる。 ①歌詞を自分で考え，話し合う時は理由も言えるようにする。 ②グループで話し合って，よりよいものにする。
もっと，なかのよいクラスにするために，みんなできょう力して，学級の歌を作ろう。	
2　考えをもつ ○各自が自分なりの歌詞を考える。 ・難しい。思いつかない。・楽しそう。 ・この言葉を入れたいな。	◇学級の目当てを決めたときに考えた，「学級のよいところ，がんばること」を掲示し，考えるヒントにする。歌詞が思いつかない，メロディに合わせられない児童のために，ワークシートを用意する。
3　響き合う ○3～4人のグループで、互いの考えを出し合いながら，話し合って歌詞を決めていく。 ・つなげよう。・Aさんのがいいね。 ・Bさんのはよくないよ。	一人では難しくても，みんなで考えるともっといいものができるね。三人寄れば文殊の知恵ということわざもあるよ。 ☆自分の考えた理由を話しながら歌詞をグループで発表したり，友達の歌詞に質問したりしながら話し合っている。
4　高め合う ○できた歌詞を発表しあう。 ○他のグループのいいところ見つけ，感想を発表し合う。 ○各グループで出来上がった歌詞をどのようにするか考える。 ・全部歌おう。・同じようなものをまとめて2番ぐらいにしよう。	歌詞を考える時は，誰か一人が決めるのではなく，全員が自分の考えを言うようにしよう。みんなの考えのよいところを見付けるように話し合うといいね。 ◇グループで考えた歌詞を大きく書き，掲示する。
5　満足な活動・ゴール ○活動を通して思ったことや，感じたことを話し合う。 ・一人では歌詞が考えられなかったけれどみんなで考えるといい歌詞が作れた。 ・一人よりはみんなで考えるほうがいいね ・三人よれば文殊の知恵。・話し合いって楽しいね。・今までより仲良くなれた。 ・自分の考えを取り入れてもらってうれしかった。・Aグループの考えた歌詞はすばらしかった。・もっと仲良くなりたい。もっと仲のよいクラスにしたい。・朝の会や帰りの会で歌いたい。	どのグループの歌詞もすばらしいね。みんなで力を合わせたからだね。出来上がった歌をこれからどのようにしていったらいいかな。 ☆出来上がった歌詞を今後どのようにしていくか考え、発表したり，友達の意見に同意したりする。 歌詞が上手にできたかではなく，友達と協力して学級の歌を作ったことがすばらしいね。

6年2組 算数科学習指導案

平成21年5月21日（木）第5校時
授業者　山田 治美

○対話で高めたい思考力・判断力・表現力の明確化

数学的な思考力を育成するための対話の視点は次の通りである。

1．言葉や数，式，図，表，グラフを使って論理的に考えたことをそれらを用いて話す。
2．記述したことを操作しながら話す。
3．追究に用いた言葉や数，式，図，表，グラフなどの関係を示しながら話す。
4．仲間の考えに対して，疑問な点や納得できない点を質問したり，補足したりして，よりよい考えを導き出す。

これらの対話の視点をもとに，本単元で対話によって高めたい思考力・判断力・表現力を以下のように捉えている。

○思考力

2枚のピザを5人で均等に分けるにはどのような方法があるかを，既習学習や生活経験と関わらせて，図や式を関連させて考える。

○判断力

多様な考え方の中で，どの分け方が解決方法として適切であるかを判断する。

○表現力

追究した内容を具体物を用いて，操作しながら筋道立てて説明し合うことで，それぞれの考え方の良さを見いだす。

上記の内容は，新学習指導要領においても「考えを表現し伝え合うなどの学習活動」として示されている。言葉，数，式，図，表，グラフを用いて考えたり，説明したり，互いに自分の考えを表現し，伝えあったりするなどの学習活動を積極的に取り入れることの重要性が述べられている。

○対話のある授業づくり

① 子どもの意識や学ぶ道筋に沿い，対話が位置付く学習過程・学習活動の工夫

児童が主体的に学ぶ姿とは，課題に必然性があり，意欲的に追究していく過程において一人一人がこだわりのある考えをもち，相手に関わりながら根拠を明らかにして考えを伝え合う姿であると捉える。また，簡潔さ・明瞭さ・一般化の追究へと，自分たちで導き出すことであると考える。

そこで，これまでに対話を単位時間の学習過程に次のように位置付けてきた。

きっかけとなる対話（課題化までの対話）

1．問題文のどこから何に気づいたか。
2．式はどうなるか。その理由は？
3．前の学習と比べて何が同じか，似ているか。何が違うか。
・何に目を付けると解決できそうか。
・どんな方法で調べると解決できるか。

楽しい対話（課題解決の対話・価値ある対話）

具体物を用いたり，言葉，数，式，図を用いたりする算数的活動により明らかになった考えを小集団（グループ対話）で深めていく過程である。個人追究開始後，設定時間が経過したら，対話が必要であると判断した児童から，対話したい仲間を求めて移動する。

全体対話では，グループでの対話内容を交流していく中で，はかせどん（早い，簡単，正確，どんなときも）の視点から，仲間との考え方の比較を行う。

満足を得る対話（まとめの対話）

終末は，1時間の学びを自分なりの言葉で再現させる思考訓練の場としてとらえている。ここでは，ノートに記述したまとめを交流し，対話を通して自分の変容を自覚したり，新たな課題をもったりする姿をめざす。

授業の後半では，協同思考の場を充実させる，全体対話の場をめざしたい。そのために，実践においては，ねらいを達成するためにどのような考えを期待するのか，児童の実態からどのような考えが出されるかなど，児童の考えを予想しておく必要がある。また，それらの考えをどのように比較検討させるかを明確にしておくことが大切である。そこで，多様な考え方を予想し，その考えを比較検討する段階で子どもの考えを「理解」したり，多様な考えを「比較」したり，よりよい考えを「選択」したりすることができるように，単位時間について比較検討における構想図を作成した。

対話に関する指導	指導・評価
2枚を5人で分ける方法を導き出す過程を，図や式，言葉を使って根拠をもとに説明する姿を目指す。 ○問題文を読んで，解決の見通しが持てない場合は，「対話する時間をください」と申し出るようにする。 ○児童の反応を見て，ペア対話の時間を設ける。	○前時までに学習した，本単元に関わる既習の用語とその意味を掲示しておく。 ○2枚のピザを5人で同じように分けるということは，式が2÷5となり，一人分は$\frac{2}{5}$になるということをおさえておく。
○個人追究に必要な時間を申し出るようにする。	○個人追究開始後の3分間で，個の学習状況を確認し，支援の必要な児童は前に集めて指導を行う。
○自分の学習状況を明らかにしたうえで，対話に入る。 青（1枚を5つに分ける方法） 黄（1枚を4つに分ける方法） 赤（1枚を3つに分ける方法）	○1つの方法で説明ができる児童は，他の方法で取り組むように指示する。
○設定された時間が過ぎたら対話に入り，さらに，自分でもう一度考えたい児童やヒントがほしい児童は，申し出るようにする。 ○最初は同じ分け方の人と，次は違う分け方の人と対話する。	○どの分け方をしたかが分かるように，左肩にシールを貼るようにする。 ○図をもとにして，式と結び付けて説明できているかを見届ける。
○聞き手の反応を確かめ，どの部分まで理解しているかを確認しながら説明できるようにする。	○個の学習状況が対話によってどのように変容していくかを見届ける。

○．本時の目標

【基礎・基本（関心・意欲）】

味も大きさも全く同じ2枚のピザを5人で均等に分けるには，どのように分けることができるかを図や式をもとに思考することにより，古代エジプトで用いられていた分数の意味や表し方について知り，分数についての興味・関心を深める。

【対話で高める思考力・判断力・表現力】

均等に分配する方法について，それらの分け方を図や言葉で説明していく中で，1人分が最大になるように等分し，あまりが出たらさらにそれを等分するという古代エジプト人が生み出した分け方のよさに気付くことができる。

○．本時の展開（11／13）

過程	ねらい	学習活動
つかむ	・問題の意味を捉えることができ，どのような方法で課題追究ができそうかという見通しをもつことができる。	1．問題を読み，内容を捉える。 ［味も大きさも同じ2枚のピザがあります。5人で同じように分けます。どのように分けたらよいでしょう。］ ・2枚を5人で分けるから，式は2÷5　一人$\frac{2}{5}$ ・1枚を5つに分ける方法があります。2枚目も同じように分ければいいと思う。 ・切りにくそうだから，4つに切るのはどうだろう。ちょうど，たてと横で正確に切れそうだよ。 ・1枚を3つに切るのはどうだろう。そうすると，1切れ残るな。それをまた分けることはできないかな。
見つける	・$\frac{2}{5}$をどのように説明できるかを図と式を結びつけて説明することができる。	［2枚を5人で分ける方法を考えて説明しよう。］ 2．個人追究した図をもとにして考え方を説明し合い，各々の考え方のよさを話し合う。 【グループ対話】 〔1枚を5つに分ける方法〕 1枚を5等分して$\frac{1}{5}$ それが2枚分だから $\frac{1}{5}+\frac{1}{5}$で$\frac{2}{5}$になる。 〔1枚を4つに分ける方法〕 $\frac{1}{4}+\frac{1}{20}+\frac{1}{20}+\frac{1}{20}$ $\frac{1}{4}+\frac{1}{8}+\frac{1}{40}$ 〔1枚を3つに分ける方法〕 エジプトの分数 最初に2つのピザをそれぞれ3等分して，残りの$\frac{1}{3}$を5等分する。 $\frac{1}{3}+\frac{1}{15}$

○「説明したい」というグループから板書させ，算数係の指示で全体対話に入る。 ○考え方の妥当性について吟味させ，各々の分け方に納得できるかを判断できるようにする。 ○考え方の共通点や考え方のよさについて，必要に応じて対話の時間を要求できるようにする。 ○対話によって身についた考え方や表現力について振り返らせる。 ○「対話の宝物」として，仲間から学んだことが発言できるようにする。	○通分や約分の既習学習が定着しているかを見届ける。 ○古代エジプト人が表した$\frac{1}{3}+\frac{1}{15}$は通分して計算すると，$\frac{6}{15}$になって約分すると$\frac{2}{5}$になるから数式上では正しいことを確認する。 ○課題にそった本時のまとめがノートに記述できているかを見届ける。 評価規準【関心・意欲】 ・古代エジプトの分数の意味や表し方について知り，分数についての興味・関心を深める。 （ノートの記述・発言）

<table>
<tr>
<td>深める</td>
<td>・各々の考え方について考察することができる。</td>
<td>
【全体対話】
○各々の考え方は，納得いくものであるかを交流する。
○考え方の共通点や考え方のよさについて交流する。
<table>
<tr><th>〔5つに分ける方法〕</th><th>〔4つに分ける方法〕</th><th>〔3つに分ける方法〕</th></tr>
<tr><td>$\frac{1}{5}+\frac{1}{5}$</td><td>$\frac{1}{4}+\frac{1}{20}+\frac{1}{20}+\frac{1}{20}$
$\frac{1}{4}+\frac{1}{8}+\frac{1}{40}$</td><td>$\frac{1}{3}+\frac{1}{15}$</td></tr>
<tr><td colspan="3">・通分すると，どの式も$\frac{2}{5}$になって答えが同じになります。</td></tr>
<tr><td>○2枚とも，$\frac{1}{5}$ずつになっているからわかりやすい。
●5つに切るのは難しい。</td><td>○4つに分けるのは，分かりやすい。
●残りの$\frac{3}{4}$を分けるのが難しくて面倒だ。</td><td>○最初に分けたとき，一番大きなピザが食べられる。</td></tr>
</table>
・古代エジプト人は，4000年前にまず1人分が最大になるように分けて，次に余りが出たらそれをまたその人数で分けるという方法を使っていたことを知る。
</td>
</tr>
<tr>
<td>まとめ</td>
<td>・エジプト分数のよさを理解することができる。</td>
<td>
3．本時のまとめをする。
2枚を5人で分ける方法はいろいろあって，式もいろいろできた。でも，どれも式を通分したり約分したりすると，同じ答えになった。エジプト分数は，1人分が最大になるように分けられていて，4000年も前なのに，よく考えられていてすごいと思った。
</td>
</tr>
</table>

授業時間等による制約があるでしょうが、基調とする思想を認識することにより、学習過程の一部分であっても生かしていけると考えています。

対話を授業に位置づける本来的意義は、対話によって、さまざまな知見・感覚等がぶつかり合い、「知の爆発」や「知の化学変化」が起こり、やがて「知の統合・共創」がなされ、その過程で参加者が成長し、結果として良好な人間関係が形成されることにあります。対話の機能を存分に生かすためには、予定調和的でない学習展開が効果的です。こうした予定調和的でない学習を、筆者は「ステージ方式の学習」と名づけています。

ステージ方式の学習

旅人たちが仲間と共に目的の地に向かい旅します。途中でどの道を行ったらよいか話し合って決めます。戸惑ったり、迷ったり、意見が対立し、ときには戻ることもあります。しかし協力して目的地にたどり着いていきます。これがステージ方式の学習のイメージです。

ステージ方式の学習では、学習プロセスの流れに、いくつかのステージを設定します。各段階のステージでは、予定された結果・結論でなく、さまざまな意見の交換、提案などが存分に行われます。その対話から導き出される合意形成が、次のステージに向かう要件になってきます。

ステージ方式の学習展開では、「驚き」「ずれ」「意外性」などを重視します。イメージや予想とのずれが驚きや疑問、知的葛藤を起こします。微妙なずれや意外性を生かし、その状況を解決していく過程こそ、新たな意味生成、知識創造のプロセスととらえているのです。

従前の学習プランは、ともすると「教師側に定まった結論があり、それに向かい効率的に学習させること」を目的とする傾向がありました。対話場面が設定され、一見、子どもたちの解釈や見解が大切にされているようであっても、それらは教師の「枠」の中での主体的・創造的学習であり、真の意味で個々の学習者の主体性が保障されていたとは言いがたかったのではないでしょうか。

ステージ方式の学習では、演出するのは子どもたちであり、教師は演出助手であり、場や資料の提供などの援助をし、ときには相談に乗るがうるさく口をださないスポンサーの役回りといってよいでしょう。

子どもたちが思う存分に自分の考えや感想を出し合い、ぶつかり合い、そこから新たな知的世界を開いていく楽しさを実感できる、こうしたステージ方式の学習を可能にするのが、共創型対話なのです。ステージ方式の学習を取り入れた対話型授業を、学期に一単元でもよいから年間計画に位置づけることを願っています。（ステージ方式の学習の詳細については、拙稿「ステージ方式の学習の提唱」『日本グローバル教育学会紀要』５号　二〇〇二　を参照ください）

3 子どもたちが夢中になり対話する授業

筆者は子どもたちが夢中になり、語り合う授業をしたいと、長年にわたり考え、試行してきました。悩み、考え、失敗しつつ、なんとかまとまってきた「子どもたちが授業中、夢中になって対話する」ための手だてを記します。

■対話への意識を高める

対話の前に、対話をすることへの意欲や期待感を高めておくことは、きわめて大切です。

(1) 子どもたちに対話する意義を認識させておく

非常に大切なことであるにもかかわらず、教師たちが意外と語っていないのは、対話に向かう心構えを子どもたちに伝えることです。大半の子どもたちは不安だったり、自信がなかったりしているのです。そうした子どもたちには、次の点を認識させておくとよいでしょう。

・全員が当事者であり、勇気を出して、授業に参加することが大切であること。
・友達の意見をよく聴くこと。自分と違う意見の中に大切な考えがあること。

・異なる考え方による反対意見や批判が、高みに押し上げてくれること
・先生に相談したり、専門家に聴いたり、さまざまな人と交流すること。
・できれば意見だけでなく、事例を示したり、理由がわかるようにしたりすること。
・調査結果だけでなく、自分たちの考察や、そこからの提言が重要なこと。
・友達の意見を聴いて、自分の考えを変えることは、よいことだということ。
・いくつかの発言を聴いて、それを生かした意見や、まったく新しい発想による提言ができたら素晴らしいこと。
・参加者全員が発言できる雰囲気づくりが最も大切なこと。

こうした事前の指導が子どもたちに発言への勇気を与え、対話への前向きな姿勢をつくる契機となるのです。

(2) 話題・テーマがおもしろい

子どもたちが夢中になり、語り合う対話型授業を創るためには、話題が大切です。どのような話題だと子どもたちは夢中になり、語り合うのでしょうか。

筆者は、「対話力向上を阻害する要因に関する調査」で、子どもたちがどのような話題でスピーチしたいかを調査しました。これまでの実践体験から、子どもたちが比較的よく話す話題を選定

話　題	小学生	中学生	高校生
いま伝えたいこと	31.9%	42.2%	30.5%
わたしのとっておきの宝物	31.9%	13.6%	27.4%
わたしは～を見た	22.0%	20.3%	10.5%
環境問題への私の提言	26.4%	37.3%	15.8%
家族（飼っている動物）	21.7%	15.3%	22.1%
わたしの失敗	16.9%	11.0%	10.5%
好きな場所（本）の紹介	24.0%	17.8%	21.2%
私の得意技	22.8%	19.5%	14.7%
通学途中の出来事	13.4%	12.7%	11.6%
最近，心に残ったこと	30.3%	29.7%	40.0%
平和について考える	20.5%	36.4%	24.2%
生命について考える	9.8%	29.7%	14.7%

し、その中から、スピーチしたい話題を三つ選択する質問でした。その結果は、上の表のとおりでした。

意外だったのは、環境・平和・生命などを選択する小学生・中学生が多いことでした。また「いま伝えたいこと」「最近、心に残ったこと」は、小・中・高校生すべてで高い選択率でした。子どもたちは身近な話題とともに、予想以上に高度な話題を選んでいたのです。

これまでの実践体験や授業参観からも、対話を授業に持ち込むとき、論議が深まり、高まっていくのは、多様な角度からの論議が不可欠な少し高いハードルの話題のときでした。逆に対話が低調になるのは、結論が見えていることを無理に話させられているときでした。

子どもたちが夢中になり、語り合う話題とは、話し合うことにより、深まりや広がり、新しい知的世界の発見が期待できるものであり、それらは以下に収斂できそうです。

・子どもたちが内面を揺り動かされる話題
・子どもたちが話し合う価値を認める話題
・子どもたちが切実に対話してみたいと思っている話題
・多様な立場からの論議ができる話題
・対立点がある話題

(3) 事前体験が活発な対話を生み出す

体験は、対話を活発化させます。その事例として、ゼミの研修合宿を紹介します。多田ゼミ一二人の学生、三戸昴、佐々木愛美、榎本健一、小川原祐太、佐瀬亮、鈴木隆太、高松慶昌、萩原南、留学生の王廉瑾（中国）、金秉曽、姜恩美、金京珉（韓国）は、新潟県松代町福島で合宿をしました。この合宿では、高齢者が多い農家の作業の手伝いをさせていただきました。稲刈り、草むしりなどでした。宿舎では大広間に寝起きし、自炊でした。夕食後には、教育委員も務める長老の美濃和英氏を講師に招き、村の昔と今を語っていただきました。

美濃和氏は地域の歴史、農村の現状を述べ、最後に「田んぼがつぶれることは伝統文化もなくなっていく。それは人間の生存権にかかわる」「人生は幸福に生きてきたとの実感こそ大事だと思う。自分は雲を友達にして生きてきた。戦時中特攻隊員となった。自分は生き残ったが、戦友たちは、最後は切ない思いを抱きつつ飛び立っていった」「不平不満もいいが、それを生かすことが大切だ。運を最大限に生かすこと、また人生を拓く努力がいる」と語りました。

この日の夜、農作業を体験し、美濃和氏の講話を聴いたことをきっかけに学生たちはさまざまなことを語り合っていました。

二〇〇九年三月二五日、ゼミの学生一二人は全員、無事卒業していきました。その夜、学生たちが謝恩会を開いてくれました。そこでも、最も印象深い思い出は新潟のゼミ合宿だと口々に語ってくれました。体験が語るものを育み、語りたい気持ちを育んだのです。帰りがけ、花束と共に一枚の色紙を手渡されました。ゼミの学生全員による寄せ書きでした。車中で読み、学生たち一人ひとりの顔を思い浮かべ、目頭が熱くなりました。

大学で担当する「地球市民論」「異文化理解研究」「コミュニケーション研究」「国際ボランティア論」等の授業では、理論的な事項を講義で話すだけでなく、身体性と現場性を重視し、実地調査をさせています。こうした体験活動をすると、学生たちは活発に語ります。たとえば、国際ボランティア論の体験報告会では、五人程度のグループに分け、順番に体験を報告し、それに全員が質問することをルールとしました。質問が終わると次の学生が報告するシステムです。最後に「ボランティアとは何か」について論議し、そのまとめを全体の前で報告する授業でした。学生たちは、自分たちが体験したことなのでよく語り、他者への質問も数多く出てくるのでした。

(4)　現場性と身体性の重視

体験がなぜ対話に有用なのか、その意味を「現場性」と「身体性」の視点から検討してみましょう。

「現場性」とは文字どおり、現場に行くこと、多様な人々と出あうこと、さまざまな作業や共同研究などをすることとです。このことにより、事実を深く認識できたり、問題の本質に気づかされたりできます。現場に行くことには、皮相的な認識でなく、実感する、感得するよさがあるのです。

「身体性」とは、感覚を錬磨し、身体全体を使って、触れたり、嗅いだり、見たり、味わったりすることとです。人間の行動のエネルギー（生き物としての人間の活動の活性化）は、本来、衝動→興味→価値（理念）へと展開します。五感で感得したことが、おもしろさとなり、やがて、知ろう、考えようとする意欲につながっていくのです。こうした現場性、身体性のよさを体験させることは、「心の底から語りたい」「知りたい」という対話への意欲を高めていきます。

(5)　敬意表現

対話では、敬意表現が大切です。敬意表現とは、敬語を使うことだけではありません。より広く、相手へ敬意を払うとの意味です。このことも事前に認識させておくことが大切です。

具体的には、相手にわかりやすく話すための内容の具体性や意見の明確さを心がける、また聴き手としては、相手の伝えたいことを聴き取ろうとする熱意などです。

国際会議に出てみると、人前では決して他人を中傷したりしないように、また反対意見をもつ人を傷つけないように、上手な言いまわしをする人がいて感心させられます。敬意表現を身につけている人は、自分が相手の意見に反対だったり疑問をもったりしたとき、たとえば、「あなたの意見はよくわかる（素晴らしい）」とまず受けとめてから、「しかし～の点については～」と自分の意見を出しています。現地の小・中学校を訪問すると、こうした敬意表現や言語ルールを小さなうちから身につける訓練をしていることがわかります。

かつて韓国の金大中大統領（当時）が来日したときスピーチで、江戸時代に朝鮮通信使を通して日本と朝鮮の親善に尽力した雨森芳洲（江戸中期の対馬藩に仕えた儒者）の功績を引用し、日本人に感銘を与えたことがありました。相手の国について配慮した見事なスピーチでした。対話する相手について事前に調べ、話題を考慮しておくことも敬意表現といえます。

デナリ国立公園で

参加者全員が語れるような配慮も敬意の表現です。筆者は、敬愛する冒険家植村直己が消息を絶った山、マッキンレーを訪ねてアラスカを旅しました。マッキンレー山麓の広大な自然公園デナリへの旅行者は、自然保護のため専用のシャトルバスに乗り、奥地のロッジまで運ばれます。このため、バスで同行した人々が三〜四日の行程を共にします。夕食時には八〜一〇人が相席となります。

二時間近くにもなるこの食事の時間では、会話が重要でした。筆者は、アラスカに住む若い夫婦、豪州の会社経営者夫妻、米国人で日本語学校を経営していたという夫妻、ニューヨークからきた新婚の二人と同席しました。毎回の食事を楽しみながら、このグループでの会話の基調に次の点があることに気づかされました。

・全員が会話に参加できるように、それとなく話題をもっていく気配りが共有されていた。
・話し手は、聴いている人が興味をもち楽しめるエピソード（事例）を語る。
・話の中に、ユーモアを挿入する。事実、二時間近くの会話は笑いの連続であった。
・ただ聴いているだけでなく、全員がなんらかの話題を提供し、参加していた。

実は、日本にもこうした対話における敬意表現は伝統的にあるのです。たとえば江戸の仕草に、その典型を見出すことができます。「江戸の町衆たちは、出あう人は皆『仏の化身』と考えて、失礼のないしぐさを身に付けていました。自分は一歩引いて相手を立て、決してキズつけない。威張りもしなければ、こびることもしない。対等な人間同士として、ごく自然に江戸のしぐさを実践していたのです」（越川禮子著『身に付けよう！　江戸のしぐさ』KKロングセラーズ　二〇〇六）。こうした敬意表現を身に付けておくことにより、国際的社会で、好感をもたれ、信頼されることにつながることが多いのです。

■対話中に考慮すべきこと

子どもたちが対話しているとき、少しの工夫をしてやることにより、充実した対話となります。

(1) 小さな気づき、発見、素朴な疑問を大切にする

体験を生かすとき、教師が留意させるべきことは、素朴な疑問、小さな発見を大切にすることです。幼稚園での実践に、このことの大切さを実感させられました。

二〇〇九年一月、穏やかな晴天に恵まれた一日、友人の正木亨先生（西武学園まぼり幼稚園長）の依頼で神奈川県の三浦半島の付け根に位置する追浜で開催された幼稚園の先生方の研修会に参加しました。実践報告や、その後の先生方の話し合いから、小さな気づき、発見、素朴な疑問が対話を生むことに気づかされました。年少組の分科会では、飼育しているカメの「ぼんちゃん」（長年、三歳児の教室に受け継がれてきた）がいることにより子どもの発言が促されることが、次の例を示しながら報告されました。

・カメに葉っぱをかけてやるとき、子どもたちは「このはっぱ、ミカンのにおいがする」「このはっぱ、チクチクするね」など、見たり、嗅いだり、触ったりして感じたことを次々と口にしていた。

・入園したてのころ、こわくてカメに触れられずにいる三歳児に、通りかかった四歳児が「こ

うするといいよ」と触り方を教えてくれた。

幼稚園の先生方は、園児の小さな気づき、発見、素朴な疑問を大切にしてやると、次々と話がつながっていくと語ってくれました。

実は、小さな気づきや発見が論議を広げ、深めていくことは、よくあるのです。ですから教師は、つぶやきやささやきを大切にし、うまくとらえ、対話に広がりと深まりをもたらす契機とする姿勢をもつことが大切なのです。

(2) 言葉足らずを恐れさせない

授業を参観していて、もじもじしていて発言できない子、やっと語りはじめてもうまく自分の思っていることが伝えられない子がよくいます。教師はつい先を急いでしまいますが、ふと立ち止まり、ゆっくり待ってやると、うまく言えず、言いあぐねていることの中に、大切なことが含まれていたりします。拙速な対応には、新しい芽をつぶしてしまう危険があるのです。

また、話題からそれたように思える発言が、新たな発想からの指摘であることもありました。滑らかに言えない子、おどおどしている子には、忍耐強く付き合う必要があります。また、そうした子には、言葉足らずを恐れさせず、うまく伝わらなくても諦めず、勇気を出して発言する大切さを感得させる配慮がいるのです。

(3) 自己変革・成長の自覚場面の設定

子どもたちが対話に夢中になる、それは自己の成長を自覚したときなのです。その自己成長を自覚させることは、なかなか難しいことです。そこに、実践者としての工夫が必要になります。

筆者が実践研究仲間と工夫したのが、自己変革を自覚するためのワークシートでした。もっと も素朴なワークシートは、三つの空欄のある用紙でした。最初の空欄には対話する前の自分の考えを書き込んでおきます。授業の途中で対話し、次の空欄には、他者の意見から気づかされたこと、考えたこと、驚いたこと等を書き入れます。授業の終了時に、現時点での自分の考えを書き込みます。この方式は、三枚の色の違う用紙を用意する方法もあります。

対話型授業の途中で、あえて自分の考えを書き込む時間をつくることが、この方式の要諦です。授業の途中にこうした時間を持ち込むことは、思考の流れを沈滞させる懸念もあるでしょうが、なにより、自己変革の自覚を目的としているのですから、書き込みの時間は大切なのです。こうした授業を数度体験させると、子どもたちは自分が自己変革していくことを実感できます。

発展型としては、どのような意見・発言に啓発されて自分の意見はどうなったかを書く、さらなる疑問を明記しておく、気づいたこと、発見したことを書く、などの方法もあります。

(4) 時間の使い方

対話型授業では、教師が「時間」について幅広くとらえ、活用することが、対話の充実にかかわってきます。米国の大統領選挙期間中のタウンミーティングのようすを視聴していると、候補者が市井の人々の質問に当意即妙に返答しているのに感心します。「教養とは知識の多寡でなく、事象・問題について自分の意見をもち、瞬時に的確に説明できることだ」との風土を感じます。

さて、対話における時間ですが、当意即妙に答える力は確かに必要です。日本の高校生を海外に引率したことがありました。英国や米国の高校生と論議させると、日本の生徒は意見はもっているのですが、すぐに出すことができません。また、相手の意見に対して自分の意見を再びつくり直して返すのに時間がかかるのです。こうしたことを実地に見てくると、「自分の意見を短時間に明確に述べられる」即答力を訓練しておく必要を感じます。

と同時に、思いをめぐらし、調査し、論議し、意見・提言をまとめる体験も大切と考えます。目白大学での異文化理解研究の授業では「地域の多文化マップ作成」をさせています。この学習活動にあたっては、二か月後には報告をさせることを事前に伝え、計画を立てさせています。長い期間を与えることによってこそ、高い成果が期待できる学習もあるのです。

授業の中でも、時間の使い方は重要です。学習の流れの中で、対話の時間や、沈黙したり書いたりして自分の考えをまとめたり、新たなものに練り上げていくための時間をどれくらいとるのかを、検討しておく必要があります。学習における「時間」の有効な使い方について教師が認識を深めておくことが、対話型授業を活性化させます。

(5) 多様との出あい

多様との出あいは、対話への意欲を高めます。その事例を、二〇〇九年三月一日に開催された文部科学省主催の「国際教育フォーラム二〇〇九」での研究報告にみてみましょう。国際フォーラムは、森茂岳雄（中央大学教授）、米澤利明（横浜国立大学附属中学校副校長）、安原輝彦（埼玉県川口市立仲町小学校長）、金城ジゼル（静岡文化芸術大学学生）の各氏によるパネルディスカッションと、国際教育プラン推進地域からの実践報告により、構成されていました。筆者は、パネルディスカッションのコーディネーター役および全体の総括を引き受けました。

四つの地域からの実践報告について、対話力育成の視点から参考となった点を紹介しましょう。

・神奈川県藤沢市教育委員会……外国の学校と交流する。慶応義塾大学・文教大学など地域にある大学と提携する。コンサート、サマースクールなどにより地域と学校間の連携を強める。地域の外国人のためのマップ作りをする。連携のためのコーディネーターの育成を重視する。学校における教育目標、学習方法、カリキュラム作成を国際化の視点から見直す。

・新潟県上越市教育委員会……地域での国際化推進のため、上越教育大学、NPO、教育委員会、小・中学校関係者によるワーキング会議を定期的に開催する。コミュニケーション能力、郷土と自己を愛する心、受容・共生する能力を重点とする。国際理解教育カリキュラム表を作成し、実践を推進する。多様な人材（障害をもつ人、お年寄り、外国人等）とのかかわりを重視する。多様な地域の教育資源を活用する。授業の質の向上をめざし、評価し改善していく。

・三重県津市教育委員会……三重大学、特定非営利活動法人パンゲア、市民会議、三重県教育委員会等と連携し、国際交流活動を推進する。外国の児童とウェブカメラを使って交流する。パンゲアネットと呼ばれる安全なネット環境の中で、顔写真、作品を紹介し、絵文字を使ったメッセージ交換をする。外国の子どもと共同で、トランプづくり、カレンダーづくりなどをする。子どもたちが米を作り、マリ国に贈る。環境教育について自分の国の情報の提供および意見交換をする。

・大阪府豊中市教育委員会……とよなか国際交流協会、大阪教育大学附属高等学校池田校舎と連携する。未来の地域の担い手育成の教育、異文化を背景にもつ子どもたちが尊重される地域づくり、豊中における「国際」を総合的につなげるシステムづくりを進める。保護者、学校間の連携を重視する。総合的な学習の時間に持続発展教育を導入する。教育活動を通して、地球的課題への関心、主体的行動力、多様な人々とかかわる力を高める。

こうした多様な出あいをもたらす活動では、現実の場面であるだけに、子どもたちは夢中になって対話し、さまざまな表現方法を習得していきます。ここで紹介した四つの先進地域と同様でなくても、いくつかのヒントを得て、自校の教育活動に生かし、多様との出あいを意図的に持ち込むことにより、多彩な対話体験を子どもたちにさせることができるでしょう。

＊

本章の最後に、子どもたちが夢中になって対話する授業を創るための教師の役割を記しておきます。対話型授業を推進する教師には、次の役割が期待されます。

企画者としての教師……多様な学習資源を活用し、全体計画や本時の授業を企画・構想する。

支援者としての教師……学習者を励まし勇気づけるとともに、情報やスキルを提供し、また発想や意見のよさを認め、位置づけてやる。

先導者としての教師……対話をすることの意義や対話に向かう姿勢について語り、啓蒙する。

共創者としての教師……同僚や多様な人々と連携し、多様な対話機会を設定する。学習者と共に学びを創る。

学習者としての教師……グローバル時代に対応した対話の方向、情報機器を活用した対話の有効な手だて等、自ら学び、知見を広め、学習方法について学んでいく。

次章では、対話力を高める実践研究をしてきている教師たちの姿について記述していきます。

5章 対話指導名人への道

学びを創るとは、子どもたちが成長するだけでなく、教師が共に育つことです。事実として子どもたちに対話力を高めることを願い、指導法を研究し、実践していくことは、教師の実践力を高めることにつながっていきます。さまざまな学校で、多くの先生方と出あってきました。授業の構想を練るため二時間あまりも話し合ったり、夏期休業中には、終日、さまざまな角度から対話指導について論議したりしました。職員旅行に招かれたり、忘年会に参加したりすることもありました。先生方のみならず事務職員・主事さんたちとも仲よくなりました。そうした人間的ふれあいの中から本音や率直な意見が出て、実践をめぐる話し合いはいつも至福の時を与えてくれました。

多くの先生方と出あい、共に研鑽し合った年月、それは先生方の対話指導の実践力が事実として高まっていくことを確認できた時でもありました。本章では、教師に焦点を当て、どのように教師たちが対話指導の名人への道を歩んでいったかを紹介していきます。

1 どのようにして若手教師たちは対話指導の達人への道を歩んでいったか

若い教師たちは、どのような体験や環境の中で実践力を高めていくのでしょうか。これまで校内研究にかかわってきた学校での若い先生たちの成長のようすを思い浮かべながら、記していきます。

■学校全体での取り組み

若手教師の対話指導力が高まる上での基本は、学校全体での取り組みへの参加です。

(1) 学年の目標づくり、年間計画の作成への参加

学校全体の研究目標やテーマを受け、研究の全体構想を念頭に、子どもたちの実態を直視しつつ、学年の目標づくりをします。聴く・話す・対話する、交流するといった項目ごとに、具体的に「育てたい力」を明記します。全学年の系統性・一貫性も考慮します。こうした活動に参加することにより、学校全体としての研究の方向と自分の実践の位置づけを明確にしていくことができます。

同学年の先生方とともに、実際の対話を指導する年間計画を立案します。年間計画に盛り込む

項目はさまざまですが、目標の「育てたい力」や時数を念頭に、活動内容、環境要件、習得させたいコミュニケーションスキルなどを位置づけます。こうした年間計画を作成することにより、具体的な指導のイメージをもつことができます。

(2) 対話に関する研修

校内研修で講師の講話を聴く、関連する書物を読むなどして「対話の概念」や「対話指導の基本的な考え方」「対話指導の具体的手だて」などについて学習していきます。講師を選ぶ際には肩書きによるのではなく、実践力を高めるための「実践の知恵」を提供してくれる方を選定することが肝要です。また若手教師のよさが伸長するために、ある固定した考え方だけを教示し、強弁するのではなく、さまざまな発展が可能な方向づけをしてくれる講師がよいでしょう。

若手教師は、無批判に講師の指導を受け入れてはいけません。「批判的思考」を心に、「生意気な真摯さ」をもち、反論・批判・疑問などを生起させつつ学ぶ姿勢が望まれます。そこから、自分が本当に納得できる対話研究の取り組みが創り出されていくからです。

(3) 融和的な雰囲気と創造の喜び

若手教師が実践力を高めていくためには、学校全体・学年集団が融和的・受容的雰囲気を醸成していることが大切です。管理職、ベテラン・中堅教師が、雰囲気の醸成に大きな役割を果たします。たとえば、研究協議会での若手教師の発言を、未熟ゆえに否定するのではなく、発想のユニークさを取り入れる姿勢が、発言への勇気を高めていきます。

会議での一分間発言

若手教師の発言の機会を多くする上で参考になるのが、新潟県上越市立高志小学校（研究主任：松永勝栄先生　当時）での研究協議会のルールです。この学校の研究協議では、発言に時間のルールを設定しました。発言時間を三分間に決めたのです。できるだけ多くの教師に発言の機会をつくろうとした配慮でした。やがてさらに短縮し、「一分間ルール」ができました。松永先生によると、わずか一分間でも、慣れてくると工夫して発言するようになり、発言機会が増加し、論議はむしろ深まっていったとのことでした。「一分間ルール」どおりにはなかなかいかないでしょうが、平等な発言機会の発想を持ち込むことにより、若手教師の意見も生かされていくでしょう。

■よきリーダーとの出あい

若手教師が実践力を高めていくための大きな要件は、よきリーダーたちとの出あいです。

(1)　リーダーの要件

東京都江東区立第四大島小学校の対話を中心においた実践研究を四年間にわたってリードした川口修先生は、若手教師を育てる得がたいリーダーでした。川口先生の活動を思い出しながら、若手教師を育てる、よいリーダーの要件を列挙してみましょう。

・やってみせる……授業を率先して公開する。他校の公開授業への参加機会をつくる。
・場づくりをする……若手教師が実践したり、研究推進に意見を出せたりする機会をつくる。
・相談相手になる……学級経営や授業の悩みの相談相手になり、具体的対応策を示せる。
・有効な手だてを示す……教材開発の方法、掲示のしかた、補助教材の活用法など指導に有効な手だてを示すことができる。
・先見性をもつ……対話研究の意義や教師としての力量を高める必要について語れる。
・見守る……若手教師の努力、工夫などを見守り、認め、成長の契機とする。

(2) リーダーに学び、自ら研鑽する

若手教師が成長していくためには、実践力を高めることへの本人の意欲がなければなりません。川口先生のいわば教え子の一人、西尾英里子先生の歩んできた道を紹介しましょう。西尾先生は、新卒で江東区立第四大島小学校に赴任しました。ここには川口先生がいて、指導を受けました。以下は、川口先生の述懐です。「西尾さんに感心させられたのは、授業で勝負する、授業の楽しさを追求していきたい、との強い思いをもっていることでした。普通、若い時代は、子どもとの人間関係がよければ満足してしまう傾向があります。自分だって授業に目が向いたのは、三〇代も後半でした」「西尾さんのよいところは、自分なりの工夫をすることです。たとえ

ば私が授業で使い、なかなかよかったワークシートを提供してやります。するとしばらくして、あのワークシート、役にたちませんでしたと言ってくるのです。だいたいの人はそのまま使ってしまうのですが、西尾さんは納得せず、やがて改良版を作成して見せにくるのです。授業は生き物ですし、教師の個性も出ます。だからこうした西尾さんの対応に、本物の教師になる人だと思いました」と。

この川口先生の西尾先生観は、若手教師自身のあり方に示唆を与えてくれます。実践力を高めようとする向上心をもつことこそ、大切です。真似ることは「学ぶ」ことにつながります。先輩教師のすぐれた点を模倣することにより、実践力は向上していきます。しかし、模倣にとどまっていては自分が創る力は高まりません。模倣を契機として発展をめざす姿勢をもつことが、自身の成長につながるのです。

川口・西尾両先生は、よく拙宅を訪ねてきてくれ、深夜まで語り合いました。その折、西尾先生から現代の子どもたちの実態を聴かせてもらえることは、得がたいことでした。子どもたちを見守り、あるときは子どもたちと闘いつつ、学級経営をしている西尾先生ならではの体験を語ってもらうことにより、対話指導の現代化に向けての示唆を受けることが多々ありました。

■対話型授業への取り組み

若手教師が実践力を高める、この基本はやはり授業にあります。授業づくりのプロセスを体験し、実際の授業における刻々と変化する子どもの反応へ瞬時に対応していくことの難しさを実感し、子どもたちの成長を感得できた喜びを味わう、こうした授業を通しての実体験が教師の実践力を高めていくもとといって過言ではないでしょう。

第四大島小学校の研究発表日に公開した対話型授業の学習テーマを列挙します。

「聞こう、話そう」～私の宝物～／二人でお話を創ろう／動物の赤ちゃんクイズづくり／ことば遊び大会（合意形成）／わくわくランド（一年生を楽しませる）／聞こう、話そう！インタビューをしよう～昔のくらしを調べよう／ろう学校の友達となかよくしよう私たちの心（障害のある人への理解）／伝え方を工夫し、発信しよう（ニュースの伝え方）／グループの名前をつけよう／身体を動かそう／たんけん東京都～島のくらし／伝えよう方）／「米々感謝祭」を開こう／電磁石のはたらき（実験の情報交換）／ようこそ「宮沢賢治ワールドへ」（朗読劇）

学習テーマを見ただけでも、対話や表現力を高めるための多彩な学習が行われていることを推察していただけるでしょう。

中学校の若い先生の実践も紹介します。佐竹裕子先生（愛知県豊田市立下山中学校）の社会科の授業「下山未来創造プロジェクト――過疎問題とその取り組み」は、グローバルスタンダードな共創型対話力の育成をめざした見事な授業でした。

この授業のプロセスは、次の手順でした。①生徒が六つの班に分かれ、地区活性化のための提案をするため地域での聴き取り調査をする。②調査結果を生かして自分たちの計画を立案し、全体会で報告する。③各班から提案された計画を参考に、学級全体で最善策を話し合う。また、ゲストティーチャーから各グループの方策に関する意見を聴く機会を設定する。④最後に、自己評価カードに新たな考えと変化、他のグループへの提案、ゲストティーチャーから学んだことなどを書き込む。

佐竹先生が送ってくれた詳細な授業記録を読むと、生徒たちが大型商店設置の効果と改善すべき点、自然保護と過疎対策など、グループで、全体で、さまざまな意見を出し合っていることがわかります。特筆すべきは、対立や異なる意見を生かし、部分合意や留保条件、段階的解決法、発想の転換など多様な話し合いの方法を駆使し、論議を深めていることです。自己評価カードの活用法にも感心させられました。参観した授業のようすを思い出し、授業記録を読みつつ、この対話型授業への取り組みが若い佐竹先生の教育実践力を高めたことを確信しました。

学習の流れ	生徒の活動
1　各班から未来計画を提案する。	６班（公共交通，商業１，商業２，公共施設・福祉施設，地域活性事業，自然保護）がプレゼンする。
2　下山地区にとって最もよい過疎対策とはなにかを考える。	グループでの話し合い 自分の班にとらわれず，これこそが下山のためになるというものを班で話し合う。 ・よい案をピックアップする・よい案をさらに改善する・よい案とよい案を組み合わせる。
3　考え・構想したことを発表し，相互指名で意見交換する。	・病院をつくるのがいい。お年寄りから子どもまで心配なく暮らせるので過疎対策になると思った。 ・自然保護の案がいい。自然を守ることは大切だ。 ・下山の間伐した木を使って施設をつくる。 ・大型スーパーをつくれば，働く場所がつくれ，豊田市などから人が来て住むようになる。 ※過疎対策について，大型店の建設，地域の商店，自然保護など多様な角度からの論議がされた。
4　解決策を模索する対話をする。	・いまある店を大型店の中に入れればいい。 ・そうすると，店が一か所に集まってしまって，遠い人が不便になってしまう。 ・支店を出すような形をとればいいのではないか。 ・下山はいまのままでちょうどいい。店じゃなくて公共施設，病院とかのほうがいい。 ・自然をうまく生かす大型店をつくればよい。
5　元下山村長さんの話を聴く。	大型店の建設にはさまざまな条件が必要だ。自動車のテストコースの建設の構想があり，地区の発展につながる可能性がある。この地区の豊かな自然を守ることも大切だ。下山には下山にあった開発・発展が必要だと思う。卒業して，下山に戻ってきてほしい。
6　授業に参加してきて，いまの自分が考えていることを書く。	例）自然保護派だけど，商業開発の意見にあるお店を建てることもいいと思った。さまざまな条件を生かした下山らしい発展のしかたが必要だと気がついた。

（佐竹先生の授業記録をもとに筆者が要約し，作成した）

若い教師を成長させる中堅・ベテラン教師

若い優秀な先生方が輩出しています。東京都江東区立東雲小学校（手嶋利夫校長）にも、そうした若い先生方がおられます。そして、こうした先生方を育てようとする中堅・ベテランの先生方がいるのです。

大沢裕美・浦野めぐ美両先生による、インタビューを活用した対話型授業「ユニバーサル調査隊」の研究協議会でのことです。さまざまな先生方から、次の指摘がありました。

・子どもたちがよく話していたが、「どう思いましたか」「感動しました」といった、紋切り型の受け答えが多かった。小学校三年生だから、もっと自然なやりとりができる工夫が必要だ。

・質問を主活動にするのなら、事前のトレーニングがもっと必要ではないか。

・システムはできていて、工夫されていてよい。しかし、子どもの実態に応じた手だてがもっと必要ではないか。たとえば、「気がついたこと」「おどろいたこと」「やさしくしてもらったこと」など、子どもが聞きやすく、答えやすい質問を例示してやる方法もある。

大沢・浦野両先生の授業は、全体としては子どもたち一人ひとりを大切にした質の高い授業でした。しかし授業で、学習プランの作成以上に重要なのは、子どもたちの実態をイメージし、それに対応した手だてを工夫することなのです。きっと皮相的なやりとりになると予想されたら、そうでなくするための手だてを考える、そこにこそ教師の工夫が必要であり、それこそが実践力なのです。協議会で、先輩や同輩たちからのこうしたやさしくも厳しい助言を聴き、何回もうなずき、考え込んではメモしている若い二人の授業者に、教師として確かに成長している姿を感じました。

■開拓者魂をもつ若手教師たちの群像

この節の最後に、開拓者魂をもった若手教師たちのことを記そうと思います。東京都板橋区立清水小学校の対話実践研究にかかわったとき、この学校にも、岸伸太郎、矢花祈、水落来子の若手の先生方がいて、それぞれ意欲的に対話の実践研究に取り組んでいました。矢花先生は対話の基礎力の必要から、「日直新聞発表（事実と意見）」「1 on 1（五分間のおしゃべり）」「ブレーンストーミング」「早口言葉」「一年生への出前読み聴かせ」などを日常的に実践し、また質問力を高めるための授業に果敢に挑戦し、質問リストの作成、アンサーメモの用意などの指導法を開発しました。

一年生の担任だった水落先生は、子どもたちのコミュニケーション能力を高めるため、まず基本が大切と考え、聴く・話すスキルの習得をさせ、また出身幼稚園へ行くことなど多様な他者との対話の場を設定しました。また、書くことの習慣化により語彙を増やす活動も継続しました。さらに、ユニセフ教員海外研修（モンゴル）、ＪＩＣＡ教員海外研修（タイ）に参加した体験を生かし、グローバルスタンダードな対話力の育成に取り組みました。

水落先生は実践記録に「日本では、なかなか〝民族〟を意識する機会が少ないが、世界では民族間の問題や紛争が各地で起きている。子どもたちに民族問題を理解させるのは難しいかもしれないが、何らかの形（コミュニケーションを通して）で、民族を通してお互いの違いを理解し、認め合う心を育む授業を行いたいと考える」と記しています。

筆者は、岸伸太郎先生の教師としての荒ぶる魂を応援してきました。岸先生は、意欲的に対話指導の開発研究に取り組んできています。筆者の勤務する大学での夕刻の「教師論」の授業にたびたび参加され、授業後にさまざまな話し合いをしてきた若い研究仲間です。岸先生は「ごんぎつね」の学習で、全授業に対話を取り入れる先駆的な実践を展開しました。精緻に記録した「ごんぎつね」の毎回の授業の子どもたちの「話し合いの記録」を読み、板書、ワークシート、環境設定等を配慮し、国語科の授業の基本である「ことばと登場人物」をしっかり押さえつつ、個々人に多様な読み取りをさせ、それをもとに話し合わせることにより深い読解をさせていった、見事な実践と感じました。岸先生は、詩の授業にも対話が効果的なことを実証しました。こうした岸先生の開拓者魂が、きっと対話型授業の可能性を広げていってくれると期待しているのです。

若い先生方との語り合いから啓発されることが、多々あります。情報機器に詳しい若い先生から、携帯電話やインターネットには新たな対話を創る可能性があることを聴きました。そうした折、米国のオバマ大統領が国民との直接対話の手段として、「ネットによる対話集会」を開いたことをニュースで知りました。マスメディアのフィルターを通さず対話できるシステムに、約一〇万人がアクセスしてきたとのことでした。なるほどと思うことしきりでした。

体育の授業を研究している若い先生に、対話を生かした授業方法について聴きました。すると、最近、体育の授業でも対話を持ち込むことが多いが、問題は対話の質だとのことでした。つまり、アドバイスのしかた（話し方）や指摘のポイントなどについて、ある程度、事前に指導しておかないと、ただ対話機会を設定しても表面的なやりとりで終わってしまうというのです。この指摘にも首肯するところしきりでした。

若い先生方が、きれいごとや皮相的な実践に疑問や批判をもち、開拓者魂を胸に、新たな対話学習の地平を拓き、対話指導の達人になっていくことを期待してやみません。

ドッグセラピーの現場から

セラピードッグの若いトレーナーさんに聴いた話です。犬との交流は、老人ホームの入居者の方々を元気づけているそうです。ゴールデンレトリバーのセラピードッグ「あんず」が施設を訪問すると、待ちかねたように触り、頬ずりする老人もいます。その人は、七夕の短冊に「ハッピー（名前を間違えている）に会いたい」と書いたそうです。また、はじめは犬嫌いだった老人が、二か月に一度の訪問を心待ちするようになったとのことです。犬との対話は、生きることへの活力を人に与えているのです。

目白大学の児童教育学科・日本語学科では、学生たちの視野を広げるため、セラピードッグの活動を参観する機会をつくりました。学生たちは、犬たちの演技を楽しみ、笑い、犬に触れ、くつろいでいました。そして、人々の心を癒し、結びつけるこうした活動の意義に、深く共感しているようすでした。

2 中堅・ベテラン教師たちの対話指導名人への歩み

中堅・ベテランの先生方には、これまでの教育実践経験により身につけた知見や教育技術があります。それらを生かすことにより、対話学習が質の高いものになっていきます。体験を生かし、よい授業ができると、自信を深め、実践への意欲が高まり、対話指導名人への道を歩んでいくことになります。筆者はそうした中堅・ベテランの先生方に数多く出あってきました。対話指導研究の同志とも呼ぶべき先生方の歩みを記します。

■教科の専門性を生かす

教科教育の知見の深さが質の高い対話型授業を創造する例を、紹介しましょう。

(1)　音楽ドラマをつくろう

松田京子先生（東京都台東区立台東育英小学校）の「音楽ドラマをつくろう」の授業を参観し、心の奥底が揺さぶられる思いがしました。六年生の子どもたちが、対話を通して、音楽ドラマをつくり、のびのびと歌い、身体全体で表現していたからです。

当日の授業の流れを再現してみましょう。

・心と体を開放し、のびのびと「わたしの紙風船」を歌う。二人組で感想や意見を話し合う。
・「まっしろいこころ」「友達になった日」「ビリーブ」の三つの歌のグループに分かれ、それぞれ、曲の場面や心情に合ったさまざまな表現を工夫し、自由な発想で音楽ドラマをつくる。
・グループごとに発表し、鑑賞し合う。意見を出し合う中から、よりよい音楽表現に気づいたり、自分たちの音楽表現を修正したりする。

松田先生は、この実践への思いを次のように記しています。

「音楽の授業においては、勇気をもって恥ずかしがらずに堂々と音楽表現することを常に支援してきた。ときには、大胆に思い切った表現をさせる学習や、子どもの内なる意欲を呼び覚ますような心をゆさぶる題材を設定し、感動体験によって子どもの価値観や感情を変容させるよう指導を進めてきた。また、友達が個性や独自性を発揮した音楽表現を創造したときは、友達の変容を心から認め、そのような姿にあこがれを抱いて、自らもそのようによりよく自分を変えていこうとするような相互啓発学習を、音楽表現にも多く求めてきた。

『音楽ドラマをつくろう』という題材は、話し合うことにより表現をつくり出すものであり、話し合わなければよい表現は生まれてこない。友達の考えや感じたことをしっかり受け止め、自分の考えをしっかり主張し、みんなで心を寄り添わせて表現を創造していく学習である」

本実践は、対話を活用することにより音楽の教科目標を高い次元で達成した、見事な事例といえます。松田先生とはたびたび語り合い、メールや手紙での交流をしてきました。松田先生は、「音楽科の授業は、教師が子どもに音楽の美しさや価値を教え込むもの」との考えもあるが、「ずっと以前から、話し合いを授業に取り入れてきました」「音楽学習の最終目標は技能の向上ではなく、子ども同士が対話を重ねながら、一人ひとりの思いを紡いでいく中でさまざまなことを感じ、考え、体験していくことが大切だと思います」と述べていました。松田先生と意見の交流をし、先生の音楽科教師としての教師魂に心打たれました。

(2)「世界遺産を通しての教育」への試み

谷口尚之先生（奈良教育大学附属中学校：社会科）が、大学在学中にドイツのハイデルベルク大学に留学したのは、「現状維持で平穏な生き方よりは、厳しい試練があるかもしれないけれど未知の世界に自分の身を置いて、見たことがないものを見、出あったことのない人に出あい、吸ったことのない空気を吸う感動を味わいたい」と考えてのことでした。

帰国後、附属中学校教諭となりましたが、先輩たちから、自分の知識を羅列し、伝授するだけでは授業にならないことを思い知らされました。教師としての自分の力量のなさを実感し、現場に出ることが恐怖に思える日々を送りました。なんとか自信がもてるようになりたいと願い、必死になって勉強しました。先輩の先生の授業を観察し、ノート指導・板書・教材研究のしかたについて指導を受けました。先達のたくさんの財産（授業実践）をさまざまに模倣し、自分なりにアレンジし、実践力を高めようと必死の努力をしてきたと、谷口先生は述懐していました。

附属中学校では、一貫して「子どもや仲間の先生たちといっしょになって自分の学校を創る」姿勢をもち、教科指導も教科外の指導においても、「自主・自立・自治」という基盤に立った学びを推進してきました。谷口先生はこのことに「誇りと喜び」をもち、生徒たちが主体的に学び、対話する授業を追求してきました。谷口先生はやがて、新たな課題として、世界遺産教育に取り組み始めます。先生の実践記録の抜粋を紹介します。

実践の概要（全５時間）―中学１年『地理的分野』（世界地理学習）―

世界遺産教育

世界遺産についての教育

「ユネスコ世界遺産条約」についての知識や理解を深める……A

・ユネスコの理念（＝**世界遺産条約の理念の根底をなすもの**）をつかませる
・世界遺産条約の目的（＝**条約に登録することの意味や必要性**）を知らせる
・３種類の世界遺産（＝**自然・文化・複合**）と各登録基準について知らせる
・世界各地の世界遺産の概要を知らせる
・日本の世界遺産について知らせる
・どこに，どのような“危機遺産”があるのかについて知らせる

地域（奈良）にある世界遺産についての知識や理解を深める……B

・どこに，どのような世界遺産があるのかについて知らせる
・どの基準に照合して登録されたのかについて知らせる
・事前学習後，現地見学を実施しワークシート等で課題学習をさせる
→それぞれの文化遺産の“国境と世代を超えた宝物”としての価値を知らせる

世界遺産を通しての教育

他地域の文化遺産との比較を通して文化の共通性と個別性に気づかせる…………C

・奈良の世界遺産（諸仏の造形や建築物各所の意匠など）と朝鮮・中国・シルクロード各地の世界遺産との比較を通して，文化交流の意義や文化の融合，重層性に気づかせる

世界遺産を未来に継承するために大切なことは？……………D

・それぞれの世界遺産がもつ普遍的な価値を学ばせ，理解させること→具体的には，戦争や紛争，偏った民族主義，異質な他者を受容しようとしない考え，環境の破壊や汚染，無秩序な開発や観光化，無関心など
・それら“妨げるもの”とどう向き合い，克服していくか（個人として，仲間と協同して，地域で，それぞれの国で，国際的な連帯として）について自らの意見を表明し，主体的な行動につなぐ

世界遺産教育の実践は緒についたばかりであり、理論面も実践面もまだ試行の段階にあります。奈良教育大学の田渕五十生教授は、世界遺産教育を「世界遺産についての教育」「世界遺産のための教育」「世界遺産を通しての教育」に分類しています。二〇〇六年、田渕教授の指導のもとで、世界遺産学習キット（『World Heritage in Young Hands』）を活用した実践を行うパイロットプロジェクトに参画しました。前ページの図は、そのプロジェクトで、とくに世界遺産「についての」と「を通しての」教育を中学校で展開した実践の概要をまとめたものです。

谷口先生は、学習の随所で対話を活用しています。若い教師時代、「知識の羅列だけでは授業にならない」ことを知り、附属中学校で「自主・自立・自治」の精神を基底におく教育を推進し、教師としての力量を高めてきたことが、世界遺産教育の学習プロセスでも発揮され、世界を視野に「自らの意見を表明して主体性に行動する能力や態度を身につける」実践を推進していったのです。谷口先生とはユネスコのニュージーランド教育視察団の仲間でした。旅程の折々に、授業のことや部活動でのテニス指導のことなど聴くことがありましたが、外見は温厚でありながら教育への熱い思いと進取の気風をもつ先生の話に、感銘を受けることがたびたびでした。

(3)　高校国語　シンポジウム

阿久沢史先生（慶応義塾高校教諭）は、ニューヨークの慶応高校勤務経験のある国際感覚豊かな国語科の教師です。筆者の主宰する小学校・中学校・高校・大学の教師たちが参集した対話学習の自主研究会（学習スキル研究会）の、仲間でもあります。

阿久沢先生の問題意識は、「『伝え合う力』の育成をめざす現行の国語の学習指導要領の中で、現実には『読むこと』ばかりが行われ、『伝え合う力』の指導は立ち遅れている傾向にある。国語教育にふさわしいコミュニケーションのモデルはあまり示されていない」ことにありました。

折しも、OECD国際学習到達度調査（PISA）で、日本人生徒（一五歳）の「読解力」の低下が示され、「読む力」の育成は国語教育の大きな課題となっていました。阿久沢先生は、「『伝え合う』ためには伝えるべき内容が必要であり、その前提となるのは『考える力』である。『考える』ために必要なのは、『読む力』である。『読むこと』によって考え、それを『書くこと』や『話すこと』で表現し、また、他者の考えを『読むこと』や『聞くこと』で受けとめ、互いに啓発し合いながら思考を深めていく」と考え、授業を構想することにしました。

授業は、次のプロセスで進行されました。
①現代社会（現代文明）を批判する教科書の評論を生徒が主体的に読み解く。
②キーワードや論理構造を図解化しながら読解し、レジュメにまとめて発表する。
③筆者の主張に賛成か反対か立場を明確にしながら自分の考えを論述し、それを踏まえて、作者の主張をテーマとしたシンポジウムを三回行う。
④賛成・反対それぞれ三名の基調報告者の意見発表から始め、聴衆も巻き込んだディスカッ

ションに発展する。最後は現代社会（現代文明）に対する提言で学習活動全体をまとめる。

こうした学習展開をしたのには、阿久沢先生の次のような考えがありました。

「ＰＩＳＡでいう『読解力』とは、『読解リテラシー』を意味している。それは『自らの目標を達成し、自らの知識と可能性を発展させ、効果的に社会に参加するために、書かれたテキストを理解し、利用し、熟考する能力』と定義されており、国語教育で従来行われてきた『読解』とは性格を異にするものである。教師による『ただ一つの正しい読み』の押し付けではなく、いかに生徒の『主体的で多様な読み』を引き出すのか。文章を読み、考え、表現し合うために必要なスキルとは何か。教科書の教材を読むことから出発して、さまざまな矛盾や混乱に満ちた現実の社会とどのように向き合い、どのように働きかけていくのか。読解リテラシーは『効果的に社会に参加する』ための実践的な力であり、『読む力』と『伝え合う力』の融合をめざした総合的な国語教育のあり方が、いま求められているのである」

この実践は、「読むこと」を基盤に、「書くこと」「話すこと」「聞くこと」の三領域をダイナミックに連動させた国語教育の試みでした。阿久沢先生は、「読むことによって考え、それを相互に表現し合う。他者とのコミュニケーションを通して、新しい認識の世界を協働で拓いていく。

読解リテラシーは多様な価値観が混在する時代を生きるために必要な力であり、活力に満ちたコミュニケーションを生み出す原動力になるものである」と述べ、さらに「現代社会の中で生きる人間はどうあるべきか。シンポジウムを通して、まずは意見の違いや対立点を十分に浮き上がらせる。対立する立場の考えを理解した上で、いったい何が言えるのか。理想的な社会の構築に向けて何ができるのか。こうした『ではどうすればいいのか』という視点から具体的な解決策を提言し、現実の社会を変えるビジョンを語り合うことが必要である」と記していますが、まったく同感でした。

この実践は、国語教育実践者としての専門性とグローバルスタンダードな共創型対話力育成の視点とを融合させた、先進的な実践といえます。（阿久沢実践の詳細は、多田孝志編集代表『文部科学省委嘱研究　国際理解教育実践事例集　中学校・高等学校』教育出版　二〇〇八　を参照ください）

■子どもたちの成長を願って

子どもたちを慈しみ、その成長を願う気持ちが、実践力を高めていきます。

(1)「いのちかがやけ」の授業

子どもたちへの思いを実践に結びつけることにより、教師自身が実践力を高めていった浅木起久江先生（東京都江東区立東雲小学校：当時）の例を記します。浅木先生は同学年の鈴木千夏先生と協働し、六年生「いのちかがやけ」（いのちのスピーチ大会を開こう）の授業を実践しました。この実践事例には、浅木先生が、子どもたちの成長を願って実践を創り上げていった足跡が読み取れます。以下は、浅木先生の授業記録の要約です。

浅木先生は、「いのち」をテーマとした授業を構想するまでの思いを次のように記しています。

「社会では、毎日心が痛むような出来事が起きています。わたしたちの学年でも、日常的に子どもどうしのトラブルが起こるため、その指導に時間をさかざるをえませんでした。思い悩む日々でした。それらの問題となる言動の背景にあるものは、根本的に自他の『いのち』を大切にしようとする意識が希薄なのではないかと思うようになりました。そこで『いのち』の大切さを感じ取ってもらいたいと考えました。

また、子どもたちは休み時間になると元気よくおしゃべりしていますが、授業になると限られた子だけが意見を言い、さっきあんなに大きな声を出していた子は沈黙しています。こうした子たちにきちんと語る力を高めたくて、一人ひとりに『いのち』についてのメッセージをスピーチの形で発表させることにしました」。

実際の学習は、次の手順で進行しました。「いのち」にかかわるテーマを決め、グループごとに追究した→調査結果を新聞形式でまとめ、それをもとに他のグループの人の前で発表した→グループで調べたことを生かし、一人ひとりが「いのち」についてのメッセージを考え、スピーチ原稿をまとめた→スピーチ練習をする→スピーチ大会をした。

浅木先生は「実践を終えて」の中で、効果的だったことについて、「友達との対話、スピーチ練習でのアドバイスや励ましが効果的でした。新聞発表のときは小グループにしたので、人前で話すことが苦手な児童もやり通すことができました。ときには担任も入って支援をしました」「話し合いの模範ビデオを事前に見せ、イメージをつかませました。話し合いはただ意見を述べ合うだけではないことがわかったようです」「スピーチ台に白い布をかけるなどの雰囲気づくりが効果的でした」「助産婦さんの話を聴く、生育歴を作成させる等のさまざまな視点からのアプローチが、『いのち』の大きさや重さを考えるきっかけにつながりました」と記しています。

また「課題及び反省点」には、「感想は言えるのですが、質問力の差が気になった」「スピーチでは、メッセージを伝えるよりも調べたことをまとめて発表するような子が多々おり、指導に時間がかかりました」と述べています。

授業記録の随所に「小さな工夫」があります。その「小さな工夫」は、浅木先生の子どもを成長させたいとの思いがもたらしたものでした。浅木先生の実践にかかわり、授業を参観してきた筆者は、浅木先生の経験が「小さな工夫」を次々と生んでいくことに感心させられました。

(2) 生徒たちに「本物のコミュニケーション力」を習得させるために

南美佐江先生（奈良女子大学附属中等教育学校）は、英語の教師です。新任時代は「教科書をきちんと教える」ことだけで精一杯だった期間を過ごしました。やがて転勤した先の高校では「受験に勝つ英語を教えてください」と指示を受け、昔ながらの文法訳読式の授業に疑問を覚えながらも、大学入試問題と格闘する日々を送りました。

こうした間にも、生徒たちとのふれあいの喜び、対決することを恐れず真正面からぶつかり合うことで本当の信頼関係が生まれることも、身をもって体験しました。また演劇を学び、ことばの奥深さ、ことばと身体表現、人に思いを伝えることの難しさなどを感得しました。

そんな先生に、転機が訪れました。文部省（当時）から豪州北部準州のアリススプリングスに派遣されたのでした。当地で教師たちと交流し、対話し、クラスコントロールや生徒とのコミュニケーションのとり方、生徒がもっているさまざまな能力をどう引き出すのか、生徒中心の授業の組み立て方など、多くのことを学びました。

帰国後、奈良女子大学附属中等教育学校に異動した南先生は、六か国の高校生による学生会議（Global Classroom Partnership：GC）のスタッフとなり、以来一〇年間、活動に携わってきました。GCは英国（シェットランド）、ドイツ、スウェーデン、チェコ、南アフリカ、日本の六か国の高校生をつなぐネットワークです。毎年、持ち回り大会を開催し、また交換留学制度があり、ビデオ会議システムを使った共同授業なども行っています。年次大会では、その年のテーマに沿ったフィールドワーク、ディスカッション、その他の交流活動を行います。「持続可能な」交流にするために、大会のテーマについて、各校は一年間かけて準備します。

文化的背景の違う人々と実際にことばを交わし、思いを伝え合い、共感し合う経験は、コミュニケーションを学ぶ大きな動機づけになります。誤解や意見の食い違いも、しばしばです。とことん議論を尽くします。ときには大げんかをしているようにも見えるようですが、妥協を許さない丁々発止のやりとりを目の当たりにすることも、生徒にとってはよい刺激となりました。

こうした体験を生かし、南先生は、「地球市民にふさわしい持続可能な英語力」「本物のコミュニケーション力」を育てることを目標に、カリキュラムや教師の役割を見直し、また授業では、あるテーマについてさまざまな視点から書かれた文章を読み、仲間と議論する学習を行っています。テーマはGCのテーマやグローバルイシューを使います。タイムリーな本物の教材は、それだけで生徒の関心を引きつけることができます。新聞記事やコラム、インターネット上のニュースやビデオなど、教師が常にアンテナを張っていれば、教材になるものはいくらでも手に入ります。

次のエピソードは、南先生が生徒たちに「本物のコミュニケーション力」を習得させることを心におく教師であることを示しています。実践記録からの抜粋です。

五年生（高二）も終わりのころ、生徒の数名が「クラスの仲間に、自分が本当に言いたいことを伝えることなんてできない」と言い出しました。仲よしの集団だと思っていたので驚きましたが、「表面ではちゃんとやっていても、みんな根っこのところでは分かり合っていないと思う」と言うのです。そこで有志の教師と生徒で、「知的に遊ぶ会」と銘打った討論の場を設けました。「問いの前ではすべての者が平等」「問うこと、話し合うことそのものを楽しむ」というルールのもとで、「なぜ、ものが言えない集団になったのか」について、感じていることを吐き出すことから始めました。

「気兼ね」「勇気のなさ」「自信のなさ」「不信感」「そこから生まれた無関心」「無責任」「陰口」などが語られました。状況打開のための具体策を考え始めたとき、いつもは共同作業を乱してばかりいた一人の生徒が、「みんなのことを知ること、自分のことを知ってもらうことから始めたらどうか、今さらだけど、自己紹介したい」と言い出しました。やがて、その生徒の提案で、「何か自分を表現できるものをもってきて、一人二分は語ろう」と決まりました。当日、生徒たちは一人ひとり、本当に生き生きと、時間をオーバーして自らについて語りました。もう五年間もつき合ってきたはずの仲間のことを、今さらながら理解しようとし始めた生徒たちの、「心の響き合う」一歩前進の瞬間でした。

(3) 高校「対話力の育つ教室を目指して」

高等学校の先生の例を記しましょう。佐藤広子先生（日本女子体育大学二階堂高等学校）は国語科の教師ですが、生徒指導にも熱意を傾ける先生です。筆者の要請に応えて記してくれた実践体験記「対話力の育つ教室を目指して」から抜粋してみましょう。

教師になって一五年が経過したある日、佐藤先生は、教科書の指導書に沿った講義型の一斉授業に疑問をもち、「生徒が社会に出てから役にたつ言語技術を教えるべきではないのか。国語を実技科目としてとらえ、よい書き手、話し手、聞き手、読み手に育てることを目標にしたほうがいいのではないか」と思い始めます。この疑問から佐藤先生の研鑽が始まりました。

シュタイナー教育を学び、「講義によらない授業の可能性を体験し」「演劇のワークショップに多く参加し、他者とかかわりつつ学ぶことの楽しさ」を知りました。佐藤先生は、この体験を生かし、ワークショップ型授業を開発していきました。

学級の雰囲気づくりを重視し、さまざまなアクティヴィティや、根拠のある主張による討議の仕方から、実用的な電話のかけ方なども学習に取り入れました。「多くの生徒たちは楽しんで参加し、『振り返り』にもそれなりに気づいたことを書いていた。国語表現の活動を通して、生徒たちはどうすれば言いたいことを効果的に伝えられるか工夫し、相手の言うことを聞こうともしていた。授業中に行ったコミュニケーションゲームや全員インタビューといった活動で、初めてクラスの全員の子と目を合わせて話せたという生徒もいた。他者とかかわることを意図的に仕組んだ授業は効果があると思えた」と記しています。

しかし、やがて佐藤先生は、こうした実践に限界を感じ始めます。「いまやほとんどの生徒が携帯電話を所持し、メールでコミュニケーションすることが多くなっている。プロフやミクシィといったインターネット上のコミュニケーションサイトが、生徒たちにとっては他者とかかわる大切な場として存在している」「目の前の相手と体温を感じながら話すのは苦手で、過度に気をつかう生徒が増えた」「なかには、目の前の相手には傷つけないよう嘘を言い、本音はメールでしか言わないという生徒も出現してきた。その結果、メールでのトラブルが多発するようになったのである」。こうした生徒の変化に佐藤先生は、「生徒の実態を目の前にして、相手と考えを交換し、違いを認め、話し合いによって理解を深める体験を多く取り入れなくては」、また、「学習したことが生徒のふだんのコミュニケーションのあり方に波及するような授業ができないものか」と考えるようになりました。佐藤先生の新たな試みが始まりました。

平成二〇年度には、高三の国語表現の授業を生徒の自発性を引き出すやり方に変えてみました。授業を「ミニレッスン（一五分）→ひたすら書く（六〇分）→共有（五分）→振り返り（一〇分）」の流れで行ったのです。佐藤先生の授業の概要は、次のとおりです。

・ミニレッスン……生徒たちに必要と思われるスキルなどを教える。
・その後の六〇分……生徒はミニレッスンに従ってもいいし、従わなくてもいい。そのときに別の話題で書きたいことがあれば、それを書いてよい。友達と自由に作品を見せ合ったり、着想について話し合ったり、アドバイスを受けてもいい。教師は生徒たちの活動をよく観察し、必要と思われる生徒にカンファランスを行う。この際、学習意欲を喚起するために、意識的にほめたり、質問したりすることとする。
・次の五分……時間内にカンファランスしながら選んでおいた作品を、生徒自身または教師が音読する時間とする。作品について、よい点を指摘したり、わからない点を質問したりする。
・振り返り……今日の活動を振り返り、自分の中に落とし込む。

佐藤先生は「いままで書くことを拒否していた子が、たまっていたものをはき出すかのように、いじめられていた過去を赤裸々につづり、書くことで過去を乗り越える姿も見られた。寡黙で何を考えているのか外からはよくわからなかった子が、心象風景の中に住む心を許せる友達について書いたりもした。校則違反ばかりして真面目に授業に参加したことのないような子が、感じていることを不器用ながらも書こうとし、最後にはそうできたことへの感謝の作文を書いたりもした」「一年間の実践を終えて、『選択』と『共有』の要素が非常に重要だ」と記しています。

佐藤先生は時折、「多田先生と話し合いたい」と研究室を訪ねてきます。帰り際に「先生に勇気と元気をもらった」とよく言ってくれますが、実は佐藤先生との語り合いは、筆者にとって生徒の実態に対応した対話実践のあり方を考えることのできる、至高の時を与えてくれているのです。

(4) 中堅・ベテランの先生方が教職経験を生かし、実施した実践事例

〈子ども劇場〉鈴木かおる先生（東京都台東区立台東育英幼稚園）……グループで協力してお話をつくる。なりたい役を決めて劇にする。お互いの劇を見合い、よいところや、もっと工夫したほうがよいことなど、感想を出し合う。

〈モチモチの木〉宮下裕介先生（岐阜県大垣市立興文小学校）……主人公の心情や行動を読み取り、それが聴き手に伝わるように音読する。心の移り変わりや場面のようすがわかる音読のしかたを工夫する。相互に音読し、感想を出し合って改善していく。

〈意見を整理し、わかりやすく伝える〉水上文先生（神奈川県横浜市立第二吉田小学校）……自分が選んだ記事の内容と、それに対する自分の感想や意見を相手にわかりやすく伝える力の育成をねらう。スピーチでは「話し始め→記事の引用・要約→意見・感想」で話す手順を習得させる。アナウンサーのように語り、聴く側も質問をする。

〈読書クイズ〉多田亮介先生（東京都足立区立花保小学校）……読書を日常化させ、その楽しさを実感

させる。共通に読んだ一冊の絵本をもとに「読書クイズ」をする。クイズをつくる、クイズを出す、回答する、の活動をさせ、自然な対話力を高めていく。

〈手話コミュニケーションの充実〉 前田芳弘先生（東京都立大塚ろう学校江東分室）……一人ひとりの子どもの個性・能力を考慮しつつ、手話コミュニケーションを充実させ、日本語との互換力を向上させる。このため、手話で理解していることを板書させたり、絵に描かせて説明させる。色紙の色の名称を書く、クイズをつくる、カルタづくりなどを行う。

〈わたしたちの命と生活を支える水〉 石田好広先生（東京都江東区立東雲小学校）……世界で起こっている水問題について考え、世界の水不足の現状を知る。さらに解決のための手だてを考え、自分たちのできることを実行する。水の専門家やアフリカのニジェールで活動したＪＩＣＡ隊員の話を聴く。調査し、全校集会で発表する、水サミットを開く。

〈キラッと戸田大発見〉 高柳政之先生・上原千穂先生（埼玉県戸田市立芦原小学校）……戸田市のよいところ、素晴らしいところをグループで調べる。さまざまな人々にインタビューする。調べたことを生かして、さらによい街になるように「防犯・安全マップ」をつくり、提言する。

〈人にやさしい私たちの町奥戸を伝えよう〉 小林真帆先生・石川奈見先生（東京都葛飾区立奥戸小学校）……身体の不自由な人、盲導犬、聴導犬のことなどを調査する。調べたことを、口頭だけでなく、点字、手話を交えて報告する。友達の発表を聴いて、気づいたことをアドバイスする。

〈平和の旅人たち〉 武藤美佐子先生・高丸一哉先生・中村真由美先生（東京都青梅市立第三小学校）……戦争の時代、兵士たちや子どもたちなどの人々がどのような思いで、どんな生活をしていたかを文献やインタビューで調べる。気づいたこと、知ったことなどをまとめる。それらを生かし、創作劇「平和の旅人たち」をつくる。群読や朗読を取り入れ、思いを伝える。

〈世界遺産と地域をつなぐ〉 笠井直美・小嶋祐伺郎（広島県大竹市立栗谷小・中学校）……学区域や地域の世界遺産である原爆ドームおよび宮島について小学校五・六年生と中学校三年生が協働して学習する。お互いに気づいたことや意見を出し合う。合同で「みんなが幸福にくらせる故郷づくり」について提言案を作成する。

〈生活と言葉：国語〉 比島順先生（埼玉県川島町立西中学校）……ALTの先生に美しい日本語を知ってもらうことを目的に語彙を調査する。「けなげ」「したたか」「てさばき」「ずばり」などの言葉の語感や語意を例文を出すなどの工夫をして伝える。

〈君もレオナルド・ダビンチ：数学〉 清水康博先生（愛知県豊田市立下山中学校）……図形の相似条件について学ぶ。ダビンチの絵を相似に着目して調査する。グループで練り合い、ダビンチが発見した絵画法である三角形の相似を駆使した方法で絵を描いてみる。気づいたことや深まったことを書き、発表する。

〈足下を見つめ直すこと〉 加賀屋由紀子先生他（秋田県秋田市立秋田商業高校）……世界の現実を知る

ことにとどめず、現状を知り、行動することで「自分を見つめ直す」「足下を見つめ直す」をモットーに、生徒たちが主体的に表現活動に取り組んだ。アフリカ調査結果のプレゼンテーション、パネル制作、小学校での出前講座補助、ガーナ実地踏査などを行った。

〈法隆寺を支えた木〉 祐岡武志（法隆寺国際高校）……世界最古の木造建築である法隆寺を支えてきた木についてグループで調査し、報告する。実地調査・文献調査などにより、太い柱木も補修が繰り返されてきたことなどを発見した。調査結果をもとに、法隆寺を維持してきた人々の心、木の建造物と石の建造物の違いなどについて論議した。

〈地球時代の言語表現〉 若井知草（目白大学）……地球時代の到来を視野に、そうした時代に対応した言語表現力を高める。「聴く」「話す」「対話する」の機能や役割について認識を深め、また演習を通して実践力を高めた。提言力・敬意表現・社会的礼儀など、国際社会で生きて働く多様な表現力の習得もめざした。

3 どうしたら学校に対話的環境が醸成できるか

学校全体に対話的環境を醸成するため活動してきた、筆者の友人たちを紹介しましょう。

■職員室の担任として

島根県の広島県境に位置する、全校児童八九人、教職員一三人の山間の飯南町立頓原小学校で教頭をしてきた、山口修司先生（現 出雲市立伊野小学校長）の取り組みです。

山口先生は、子どもたちの対話力向上をめざすためには、教職員の対話力向上が必要不可欠ではないかと考えました。そのためには、学校全体の対話的環境をつくることが大切と考え、次のような活動に取り組んできました。以下は、山口先生の記録文からの抜粋です。

○笑いとユーモアでいつも上機嫌

まず職員室の中が、リラックスして自由に話せる空間であることが大切です。そのために、まず私自身がいつも上機嫌であることを心がけています。特別な用事がなくても職員室の中をうろうろ歩き、笑顔とユーモアを交えながら対話を楽しんでいます。職員室の雑談や対話は人間関係を円滑にします。そのためには、「職員室の担任」である教頭が笑顔で上機嫌であることが第一です。

○対話のためのちょっとした工夫

毎日さまざまな報告や相談がきます。どんなときにも仕事の手を止めて耳を傾けることが、対話の前提です。教職員からの質問に対しては、後回しにせずただちに調べ、回答するよう心がけています。どのようなコメントをするかも大切な点です。適切なコメントは対話を円滑にし、よいアイディアを生み出すからです。また、学級だよりなど、教職員の書いた文章には必ずコメントを付けて返します。コメントからまた新たな対話が始まることも多々あります。

○会議の中に対話を

意見交換が少ないので、次の三点を提案し、徐々に実践に移しました。①議題を精選する。②会議のねらいを明確にする。③読めばわかることについては説明を省き、検討事項を明確にして話し合いの時間を多く設定する。

具体策として、①少人数で話し合う場を設定する。②ホワイトボードを使って提案したり自分の考えを説明したりする。③出た意見をホワイトボードに書きながらまとめる。④付箋紙を使って質問や意見を書き出す。

以上四点を中心に、会議の冒頭から小グループに分かれて話し合うなど、さまざまな会議の形式を取り入れてみました。このような取り組みによって、全員が話す時間が確保され、意見が多く出るようになってきました。

山口先生が自慢する先生方の一人、松岡祐子先生の「けんかしたっていいじゃない」(絵本)の授業を参観しました。小学校一年生の子どもたちの発達段階に応じて、対応型のコミュニケーション能力を高めようとした実践です。語りやすい雰囲気づくりなど、教師の繊細な工夫と児童愛に満ちた人柄が、活発な対話をもたらしていました。学習指導案には「授業で対話力を育てるために大切にしていること」として、次の五項目が記してありました。

・聞き上手な担任が聞き上手な子どもを育てると考え、入学当初から子ども一人ひとりの話をしっかり聞くことを心がけている。

・「この言い方、素敵だね」「その言い方、わかりやすいね」など、担任が賞賛の言葉をかける。

・聞くことを大切にし、友達の話に対して「それで？」「なぜ？」などと質問をする。質問をすることで相手は話しやすくなることを体験する。

・話を聞くときは、人と違うところを見つけるようにする。

・たどたどしい表現でもよいから、自分の言葉で語るようにする。

山口先生は記録文の終末に、「『職員室がとても明るく、自由に話せる雰囲気がありますね』。これは、異動してきた教職員の言葉です。自由に話せる雰囲気が生まれると、子どもの話題、授業づくりや学級づくりの話題が自然と多くなります。教職員同士が授業力を高め合い、実践したことを語り合う姿も多く見られるようになります。教職員の対話力が高まれば、学校全体に対話的環境が生まれ、子どもたちの対話力が向上することを実感しています」と記しています。

■実践者としての姿勢を示す

青木一先生（現 千葉市教育センター指導主事）は、実践力の高さで知られた中学校の社会科教師でしたが、管理職に転じ教頭となりました。しかし青木先生の実践者としての姿勢は揺るがず、筆者の要請に応えて「PENKI 対話術」の一文を送ってくれました。そこには、実践者としての姿勢を示すことにより対話的環境を学校に醸成する教師魂を垣間見ることができました。以下は、その抜粋です。

○「叔父さん」「叔母さん」をめざす

担任を「親」とたとえた場合、その「叔父さん」「叔母さん」にあたる存在は、副担任や生徒指導主任、教頭です。叔父さん、叔母さんは親より少し遠い位置ながら、愛情をもって接してくれる居心地のいい存在です。こういう存在をめざして、学級に入れない、学級からはみ出した子どもたちとよりよいコミュニケーションをとっていきたいと思います。

○ペンキ塗りがいい

中学一年の健治くん（仮名）は、多動で知的発達も遅れているＡＤＨＤの生徒です。幼児を思わせる言動が見られ、まわりとうまくかかわれません。自己中心的で、気に入らないことがあると固まってしまいます。情緒が不安定なときは一〇時ごろに登校し、授業に出ず、保健室や図書室などにいることもあります。

体育祭が近づいたある日、教頭先生は校庭で草刈りをしていました。そこにちょうど健治くんが登校してきました。草刈り機に興味をもったのか、じっとそばで見ています。健治くんに気がついた教頭先生は声をかけました。「昨日、何食べたの?」「昨日、何テレビ見たの?」「好きな漫画は何?」……。健治くんから反応はありませんでしたが、一瞬明るくなった顔を見逃しませんでした。「手伝ってよ。刈った草をいっしょに運ぼう」と頼みました。「虫がいると嫌だから手伝わない」と言って、行ってしまいました。作戦失敗です。

いっしょに作業を行いながらコミュニケーションをとることが、最も自然だと思いました。そこで、落ち葉掃きや堆肥づくりなどをいっしょに行おうといくつか試みました。その中で最もコミュニケーションがうまくとれたのが、ペンキ塗り作業でした。教頭先生が校庭のベンチにペンキを塗っていたところ、健治くんがまた興味深そうに寄ってきました。「健治くん、ちょっとやってみっか?」と呼びかけたところ、「うんうん、やるやる!」と意欲満々で、教頭先生のほうがびっくりしてしまいました。

教頭先生はいっしょに塗りながら、「昨日、何食べたの?」「昨日、何テレビ見たの?」「好きな漫画は何?」など、この前と同じようなことを話しかけますと、驚いたことにペンキを塗るようになめらかに話し出しました。教頭先生は、これはいいぞ、と思い「PENKI 対話術」と名づけました。そして、なぜよいのかを整理しました。①ペンキ塗りは対面方式ではないから緊張しないで話せる。②座りながら作業でき、労力が少なくて済むから疲れず長く話せる。③ずーっとそばにいても不自然じゃない。④あくまでもペンキ塗りがメインであり対話がサブになるから、自然に話ができる。⑤自分がやったという達成感がある。⑥ペンキ塗りの結果は後に残り、他の生徒にも自慢できる。

○わずかだが変化

教頭先生は、一日のうち一時間ほど「PENKI time」をつくり、健治くんとコミュニケーションを図りました。もちろん出張の日もあるので、毎日とはいきませんでしたが。こうして「PENKI対話術」を使って、仲よくなり、健治くんのことは学級担任以上にわかるようになりました。

するとほんのわずかですが、少しずつ健治くんに変化が表れ始めました。トラブルを起こし情緒が不安定になったときも、ペンキを塗っていると徐々に落ち着きだし、話ができるようになります。このとき、相手の気持ちを考えさせ、乱暴な行為を反省させるのです。健治くんはペンキを塗りながらうなずくことが多くなってきました。以前は一度固まるとテコでも動かなかったものですから、驚きです。「PENKI 対話術」には気持ちを落ち着かせ、心の呪縛を解きほぐしながら人の話を聞かせる効用があるのです。

ペンキ塗りに限らず、特別に支援を必要とする教育は、別室で対面式に話をするのではなく、何か軽い作業を共に行いながらコミュニケーションを図っていくことが効果的だと思います。これらを総称して「PENKI 対話術」と呼んでもいいのではないでしょうか。

青木先生は、教頭ならではの方法で対話の活用をしました。この青木先生の姿勢は、きっと教職員に教師の役割、対話の有用性を浸透させていったに違いありません。

■先導者の役割

学校全体に対話的環境を醸成するためには、管理職や研究主任などの先導者たちの熱意が不可欠です。

(1)　管理職の熱き思い

筆者が岐阜県大垣市立興文小学校の「対話によって思考力・判断力・表現力を高める」をテーマに掲げた実践研究とかかわったのは、打江寿雄校長先生との出あいが契機でした。ユニセフの全国研修会で講演したとき、参加されていた打江先生から「ぜひうちの学校に来てください」との招聘がありました。自分の学校の教師たちの指導力を高めたいという打江先生の思いを感じ、承知しました。やがて学校を訪問し、授業を参観しました。先生たちの教科指導の力量は高く、子どもたちも熱心に学んでいました。

しかし、事後の協議会の冒頭、打江校長先生は、「対話を形式的に持ち込んでいるだけでは意味がない。対話によって子どもたちが思いを語り、論議し、深め合っていく授業をめざそう」と語りました。筆者は打江先生がなぜ招聘してくれたかを、このとき理解しました。そして、この学校の先生方はきっと授業を高い視点で見据え、実践力を高めていくだろうと思いました。

東京都台東区立台東育英小学校の「進んで表現し、響き合い、高め合おうとする幼児・児童の育成」を掲げたこの研究にも、筆者は通年参加しています。同校では国語・算数・理科・社会・道徳・特別活動の指導ばかりでなく、図工・音楽・体育などで身体表現を生かしたコミュニケーションや、併設されている幼稚園での対話指導が実践研究されています。全国校長会や教育委員会で活動されてきた塩澤雄一校長先生の視野の広さが、実践研究の幅広さをもたらしていると推測しています。

見逃せないのが、研究主任の赤堀美貴夫先生のリーダーシップです。年度はじめに最初に授業研究をしてみせ、若い先生の多いこの学校で、授業の構想づくりの相談に乗っています。協議会では全員が発言できる配慮をし、ときには論議を深める鋭い意見を出します。幼稚園の先生たちも毎回参加し、研究実践を進める姿に、この学校の教育実践の広さと奥行きを感じます。

(2) 一通のメール

朝型の筆者は、毎日、早朝五時ごろから授業の準備や原稿の執筆をしています。そうしたある日、メールをチェックすると次の文章が送信されてきていました。山形県山形市立南小学校の研究主任の先生からでした。

初めてメールさせていただきます。本校では、研究テーマ「自らかかわり、学びを深める子ども」で授業づくりに取り組んでいます。授業づくりをして二年目になりますが、思うような成果が上がらず、悩んでいます。本校では、教師と子どもたちの対話力を高め、「対話」型の授業を行いたいと考えています。子どもたちが語りたくなるような体験や気づきを大事にし、それを伝え合い、対話する授業を実践したいのです。
そこで、ぜひ多田先生に「対話による授業」についてご指導をお願いできればと思います。先生の著書を読ませていただきまして、一朝一夕に対話のある授業が創れるとは思いませんが、まずできるところから実践していきたいと思います。限られた時間ではありますが、ぜひ本校に来てくださり、教師が対話についてイメージがもてるような模範授業とお話をしてくださるよう、お願い致します。

南小学校を訪問した日の午後に、五年生に「聴く・話す・対話する」を学習課題とする授業をしました。近隣の市町村の教育委員会の指導主事さんたちも参観した午後の授業では、友達のスピーチをしっかり聴き、話者が努力したことや工夫したことを、きちんと「よかった点」として指摘する発言が相次いだり、授業の感想の出し合いでは、ふだんはほとんどしゃべらない子が語ったりするなど、小さな感動がいくつも生起しました。

南小学校を訪問して心に残ったのは、研究主任の吉田祐子先生の熱意と先生方の真摯さでした。午後の公開授業では、スピーチを三人の子どもにさせることにし、午前中三〇分だけ筆者が事前指導をしましたが、同校の先生方はこの事前指導のようすも参観に来られ、ビデオに撮り、また午後の授業も撮影していました。事後の講話と協議会では、対話指導にかかわる鋭い質問が相次ぎました。昼食時も休憩時間も、次々と質問にこられました。

こうした情熱と真摯さに共感し、同校の研究へ協力をさせていただくことにしました。帰宅すると、遠藤篤男校長先生から「来年度に向けてご指導いただくことになり、わが校の研究に輝きが加わる思いがします。先生の忙しさを増すことになりますが、わが校の研究にお力を貸して下さい」との丁重なお便りがあり、恐縮しました。

＊

学校全体の研究実践が質の高いものになっていくための重要な役割を果たすのが、研究主任とそれを支える管理職です。これまで、たくさんの研究主任の先生方と交流してきました。どの先生方も、研究の方向、人間関係、授業研究の具体化などに悩み、考えつつ仲間の教職員の方々と実践研究を進めています。

対話指導という、わが国の教育ではまだ未開拓な部分の多い分野を進むことには、戸惑いや試行錯誤がつきものです。しかし、そこを切り拓いていくプロセスには、開拓者ならではの発見や創造の喜びもあるはずです。そのことが、未来を創る基本的な営みである教育の主体的推進者としての自信と誇りをもたらす、そう確信しています。

ここでどうしても付記したいのは、教育活動を支えてくれる人々の大きな役割です。事務職員や主事さんたちの子どもたちへの語りかけは、子どもの心を開き、表現する契機になることが多々あります。筆者の大学での授業や学生指導でも、学生を励まし、支援し、ときには厳しく指導をしてくれた助手の平野めぐみさんの存在が貴重でした。こうした学校にかかわる多くの人々の関与が、学校に対話的環境を醸成する原動力になっているのです。

6章 国際現場最前線での対話体験記

本章では、研究や研修、国際ボランティアなど、さまざまな理由で海外に長期にわたって滞在し、現地の人々と交流してきた若い人々の対話に関する体験記を掲載します。書き手は皆、筆者の大学院の授業の受講者や実践研究仲間です。取り上げる地域は、ベトナム、中国、タイ、豪州、米国、フィンランド、ドイツです。これに加え、古代の帆船ホクレア号への乗船体験、文化と言語に関する論考、チェチェンでの難民救済活動、異文化対応体験についての文章があります。

筆者は、これらの文章をコミュニケーション（対話）の視点から分析し、多様な他者とかかわって生きる現実の世界を考察する手がかりとしました。文中にちりばめられた驚きや発見・気づき、工夫や知恵などのエキスを系統化、構造化することにより、「グローバルスタンダードな対話とは何か」を明確にしていきました。世界の現実の場での体験を分析することによってこそ、グローバル時代・多文化共生社会で生きてはたらくグローバルスタンダードな対話力を育成できると考えたからです。

紙幅に制限があり、全体でなく要約や部分の紹介で残念ですが、世界各地に滞在し、異文化体験をしてきた若者たちの現地の人々との対話体験記を読んでみてください。

◆「言葉以上に必要なもの（ベトナム）」

西山昌宏（東京大学農学部大学院生）

二年間、ベトナムの南、メコンデルタの農村地域に、植林のボランティアとして滞在した経験があります。そこに滞在する日本人は私一人で、日本語はもちろんのこと、英語も通じませんでした。日本でいくらかベトナム語を勉強して行ったのだけど、滞在した地域は南部訛りなので、全然聞き取れませんでした。ベトナム語は声調といって、単語の抑揚があり、発音が非常に難しいのです。日本で勉強したことは、何も通用しませんでした。はじめは、すごい田舎に来てしまったなと思うと同時に、「言葉もロクに通じないのに、ボランティア活動なんてできるのか」と、自分で志願して行ったはずなのに、ものすごく不安に思ったりもしました。

初めて任地に到着したとき、とても緊張したことを覚えています。一緒に仕事をするカウンターパートナーや、植林の作業をしている人たち数名の前で、「トイ　テン　ラー……」と自分の名前や年齢や、これからよろしくお願いしますといった類のことを、通じているかいないかわからない、拙いベトナム語で自己紹介しました。そして、もうその時間は日が暮れていたので、すぐに宴会に入りました。ベトナムの田舎の手づくり焼酎は、はっきりいって、ものすごく不味かったです。アルコールそのものの味でした。後から聞いた話ですが、ベトナム人にとっても、美味しいものではないらしいです。その不味いお酒を、円卓の座っている人たちが順番に右まわりに、杯をまわしながら、飲んでいきます。順番にまわして飲むということは、一つの世界を表しているそうです。つまり、お酒を飲みながら、一つの世界を形成し、皆が一つになるということなのだと思います。とにかく、こうして、お酒を交わすことによって、私は皆から受け入れられはじめ、そして緊張も解れていきました。

そのとき一番重要だったのは、私が話している「内容」より、「私が話している」という状況であったのかもしれないと考えています。大切なのは「上手に話す」とか「何を話しているか」といったこと以上に、「だれが話しているか」を考えることであると思うのです。だから、「話す」ということは、言葉を話すと同時に、その人から「発せられる何か」が伝わっていることを意識する必要があります。「発せられる何か」には、その人の人間性が現れているからです。だから、コミュニケーションとは「言葉を話す」ことではなく、「人と人との関係性を築く」ということに大きく関係していると私は考えています。コミュニケーションをとることは、人間性の遭遇であり、その人間性に重なるところがあれば、それは関係性となっていくのです。

相手がどのような人間かわかり、打ち解けていくと、不思議なことに「この人は、いい人だ」とか「この人は、ちょっと気難しい」といったことを認識していきます。言葉がわからなくても、人が人に対して感じることはベトナムでも同じみたいでした。そして、きっと万国共通同じであると私は感じました。そして自分をさらけ出すことが大切である反面、どんな国であろうと、相手がどう思っているかを常に気にしないと、亀裂が起こるということもあります。等身大の自分でいながら、礼儀はわきまえなくてはなりません。だから「お互いを思う気持ち」も、関係性には必要なことだと思っています。

言葉以上に必要なものは、「コミュニケーション」＝「人と人との関係性を築く」ということだと、私は思うのです。

◆「中国・北京でのコミュニケーション体験」

竹中佐英子（目白大学外国語学部中国語学科常勤講師）

二年間、中国政府奨学金を受給し、北京師範大学漢語文化学院研究生院に在籍していました。北京師範大学は中国教育部（日本の文部科学省に相当）からの直接指導と多額の補助金を受ける、中国全土でトップ百余校に限定された「重点大学」のひとつで、教育分野の研究レベルは中国一です。「漢語文化学院」とは非中国語母語話者に対する中国語教育を研究する機関、「研究生院」は「大学院」のことです。ここで接した教員、学生は、中国の上層階級の人たちであり、以下に紹介するのは彼らとのコミュニケーションの体験です。

まず、授業でのコミュニケーションについて紹介します。一クラス数名の大学院の授業では毎回、中国人学生の議論能力の高さに圧倒されっぱなしでした。一般言語学の授業では、まず一人の学生が（もちろんすべて中国語で書かれた）専門書数十ページ分の内容を総括し、全員でそれに誤解や遺漏がないかを確認した上で、議論に入ります。はじまりこそ、教員が一人の学生を指名して「意見を述べなさい」と言いますが、それに対する意見、反論などは、指名されなくとも次々に出て来ます。その後、教員がほとんど口を挟まないのに、三時間、議論が途切れることはありません。授業終了後、意見の合わなかった学生は教室に残り、議論を続けます。日が変わって新たな意見が浮かぶと、教員やクラスメートに電話をかけて伝えます。私は当初、一言も口を挟めず、黙って見ていたところ、教員に「参加できないなら教室に来るな!」とつまみ出されてしまいました。日本人の分際で専門的なことを中国語で、しかも即興で言うのは難しいことが身に染みたので、あらかじめ意見を書いておき、議論が少しでも途切れたら、多少的外れとわかっていても無理矢理口を挟むよう努力し、何とか議論に首を突っ込めるようになったのは、最後の数回だけでした。

第一回目の授業では、参考文献数十冊分の書名、著者名、出版社名を口頭のみで伝達されたのですが、ある韓国人女性が一冊分も書き取れず、隣の中国人学生のノートをずっと覗いていました。ところが、教員はその様子を見ても、ゆっくり話すことも、黒板に書くことも、中国人学生に「助けてあげなさい」と指示することもありませんでした。彼女は議論にも全く参加できなかったので、教員は一度だけ意見を求めましたが、黙りこくっていたため、以後完全に無視していました。中国では縁故採用も根強く、他人より少々できる程度では熾烈な競争を勝ち抜けません。厳しい中国社会の現実を承知しての指導法でしょう。

授業外でのコミュニケーションについて紹介します。私の指導教官・馬燕華先生は江西省出身の女性で、一九九五年から二年間、中国教育部から関西の中国語専門学校に派遣され、当時小学校一年の娘さんと共に大阪府吹田市に在住した経験をお持ちでした。研究指導では中国人学生に対する要求と同じものを私にも課し、何度も論文の書き直しを命じる厳しい方でしたが、一歩教室を離れると、自身が日本で受けた恩義を、私を通じて還元したいとお考えで、「娘の日本語の話し相手になってほしい」との依頼でたびたびお宅に招いてくださいました。研究や授業で多忙をきわめているにもかかわらず、私が訪問する日には必ず、何日も前から仕込まなければ作れない「梅菜釦肉」など、手のかかる料理を振る舞ってくださいました。その味は、どんな高級レストランのものより美味でした。お土産に日本茶をもって行くと、翌日「とても美味しかった」とお礼の電話をくださいました。

当時は反日的な雰囲気が強く、街中で日本人とわかると「いいカモ」と言わんばかりに法外な値段を吹っかけられたり、「小日本！」（日本を侮蔑する表現）と暴言を浴びせかけられたりすることもありました。しかし、心のこもったおもてなしをしてくださる馬先生や、日本文化を尊敬し、羨望するお嬢さんとのコミュニケーションを通じ、互いの国の文化を理解し、かつ好意的に解釈する一般市民が増えれば、日中両国人民は友好的になれるということを実感しました。

◆「タイ東北部農村小学校の時空に見るコミュニケーションの中核的要素」　牧　貴愛（広島大学大学院生）

タイと出あってから九年、三度の長期滞在に加えて二、三週間、短期で滞在し、合計約二年半になります。タイとの出あいから、生き方やものの考え方に大きな影響を受けました。これらの経験を踏まえて、農村小学校の一日や一年の活動を通して見えてくる、タイ人とのコミュニケーションの中核にある要素について考えてみたいと思います。

仏教徒が大多数を占めるタイの朝は早く、「お母さん」は午前四時ごろには起きて、雑貨や副食品を携えて、村を通る托鉢にまわる僧侶を待ちます。私が小学校に到着するのは午前七時ごろで、大半の子どもたちはすでに学校に来ていました。親しい仲間同士で、ほうき、ちりとりなどの掃除用具を手に取り、掃除を始めています。雨季と乾季の二つの季節があり、とくに乾季は風が吹けば土埃が教室や廊下を覆ってしまいます。掃除の仕方を見ていると、日本のように塵一つ残さずといった緻密さはなく、至って適当でした。当初、これでは掃除している意味がないのではないかと思っていました。ところが、教員に話を聞いたところ、子どもたちが自ら掃除用具をとり、黙って掃除をすること自体がとても大切なことだということでした。

午前の授業が終わり昼食、お昼休みが終わる午後一時前には、子どもたちは学校の廊下に集まりはじめます。教員は児童一人ひとりの爪の伸び具合と制服をチェックします。これは日本のように違反の制服云々ではありません。衛生面をチェックしているのです。次に、廊下に整列して座り、目を閉じます。瞑想訓練の時間です。これは、仏教的な考え方で、心をひとつに静める作用があるそうです。一〇分〜一五分ほど、さっきまで賑やかだった学校には、吹き抜ける風の音、風に揺れる木の葉の音しか聞こえません。やがて、午後の授業が始まります。午後三時過ぎになると下校の時間となります。学校の一年の行事を見ていると、仏教的な行事がほぼ毎月あることがわかりました。こうしたタイの学校の一日や一年からは、仏教がタイ人の日常生活や学校に深く浸透していることが分かります。

仏教的な特色に加えて、タイの学校では、国家的な行事が多く見られます。こうした行事や家庭や地域の教育を通して「慈悲と思いやり」と「感謝と恩義」を学びます。タイ人の人間関係の網目は、「慈悲と思いやり」「感謝と恩義」を伴いつつ、多方向に、きわめて複雑に広がっています。自分に「慈悲と思いやり」をもって接してくれる人に「感謝と恩義」を忘れなければ、心やさしいタイの家族的人間関係の恩恵を得ることができるのです。一方、わずかでも「感謝と恩義」を忘れてしまうと、一瞬にして人間関係が壊れてしまう「厳しさ」があるのです。

タイ人とのコミュニケーションを考える上で、大切な要素があります。それは時間感覚です。タイの年間平均気温は二九度を超え、日中戸外では気温が四〇度を超える日もあります。平均湿度は七三%（二〇〇五年）と高温多湿で、年中蒸し暑い常夏の国です。日本人の私は、ついイライラしたり、せっかちになったりしがちなのですが、タイ人は一般にゆったりしています。この「ゆるやかさ」に、タイ人とのコミュニケーションを考える中核的要素があるのです。

「タイ時間」を意識しはじめたのは、タイ教育省でタイ人と一緒に仕事をしていたときのことです。彼らは、昼休みの三〇分も前から「お腹すいたね」といって食事の準備を始めてしまうのです。しかも、そこからの時間が長く、準備を終えて、食事を始め、世間話に花が咲く食事タイムが過ぎ、片付けまで終わるころには二時ごろになっています。そして、長い食事の時間が過ぎた午後、ようやく仕事に取りかかったかと思うと、今度はすぐにティータイムとなるのです。毎日のことでした。彼らはいったい、いつ仕事をしているのだろうかと、私は毎日不思議でなりませんでした。彼らに付き合っている私も、仕事になかなか時間が割けず、私がタイに滞在する期間は限られているのに、時間がもったいない、効率が悪いと、時計を見てはイライラしていました。

ある日、ついに、「食事を早く終わらせて、仕事を始めましょう」「お菓子を食べてないで仕事をしましょう」と切り出しました。これに対して、同僚のタイ人は、「コイペン・コイパイ」と笑顔で答えました。これは、日本語では、「少しずつできるようになり、少しずつ進む」というような意味合いで、つまり、物事はせかせかと急いでやるよりも、ゆっくりやるほうがいいのだ、という意味です。こうしたタイ人の仕事のペースが理解できないまま数日が過ぎ、私は、いつ彼らは仕事をしているのだろうかということが気になりはじめました。そして私は、タイ人の同僚に「毎朝、何時に事務所に来ますか」と尋ねました。すると、至極当たり前のことを聞くのね、といった様相で「午前六時半、遅くとも七時には来ているわよ」という答えをくれたのです。この瞬間、風土と対話するタイ人が私の目前に大きくゆるやかに現れたのです。

◆「米国の現場におけるコミュニケーションの難しさ――異文化で習得していく過程」

前田ひとみ（目白大学外国語学部英米学科常勤講師）

高校卒業後、一八歳で渡米し、アラバマ大学語学学校、オレゴン大学、ミネソタ大学大学院と高等教育のすべてをアメリカで受けた私にとって、異文化におけるコミュニケーションとは、日本式対話方法とアメリカ式対話方法の二つの世界を行き来することでした。

語学学校時代は、アングロサクソン系アメリカ人とアフリカ系アメリカ人の二人のルームメイトとの寮生活の中で、コミュニケーションの違いにカルチャーショックを受け、オレゴン大学時代は入学から卒業までの三年間、アメリカ人家族とのホームステイの中で、米国における典型的な家庭のあり方や親と子の対話の仕方などを学んでいきました。ミネソタ大学大学院では、修士課程在学中でのホームステイと博士課程在学中での一人暮らしなど、生活形態や接する人々も多種多様で、異文化の日常生活における〝日本人ではない他者〟とのコミュニケーションは、試行錯誤の連続でした。当初は、当然のことながら〝日本で常識とされている〟思考回路、行動パターン、コミュニケーション方法を取っていたため、数多くの失敗をするなど私のアメリカでの生活は常に学びの過程でした。

ミネソタ大学院にいたころ、中国人学生、韓国人学生、アラブ人学生と一つのプロジェクトの研究助手としてアメリカ人教授のもとで仕事をしていました。当時、すでにアメリカ生活も長く、異文化には十分に適応していると感じていた私でしたが、〝仕事〟という局面での異文化コミュニケーションは初めてで、かつてないくらいの大きな壁にぶつかりました。

研究助手の個々のパーソナリティだけでなく、文化的に異なった環境から来た私たちには共通の一貫したコミュニケーションパターンがなく、ミスコミュニケーションも頻繁に起こりました。私の対話方法、日本流にいう丁寧で婉曲的なコミュニケーション方法は、物事がはっきりと伝わらず、仕事をする上ではマイナス面も多くあり、相手の感情を考えながら進めていく話の仕方は自信のなさと受けとめられ、ひいては仕事に対する私の能力の評価にまでつながってしまうという失敗をしてしまいました。

異文化・異言語の環境下では、互いの英語力の問題だけでなく、単語の解釈の違いや個々の振る舞いや考え方も違うととらえられ方をされ、それによる結果が生まれ、違った方法で人物評価をされることになります。

それだけでなく、違った文化で育ってきた私たちは、互いに対する意見の述べ方、謝罪の仕方、賛辞の伝え方、指摘の仕方、メールの書き方、コミュニケーションの取り方など、仕事を通してしか発見できないような対話方法の違いに驚くこともあり、カルチャーショックも数多くありました。

素晴らしい人材が世界中から集まっても、一つのプロジェクトを成功させていくことは容易なことではないのですが、それは文化的に異なった環境下で育ってきた人間が、正解のない環境の中で、個々の責任を遂行していく難しさにつながっているのだと思います。

私が異文化の生活の中で習得したことは、文化圏に応じて自分のコミュニケーションパターンや思考回路を変えるということでした。日本での私のコミュニケーション方法は、〝同調姿勢で婉曲に、遠まわしにメッセージを伝える〟。日本では美徳とされている「相手の感情や立場」に配慮した遠まわしな物言いは、具体例（説明・内容）↓結論（自分の考え）の順になるため、時間のかかるコミュニケーションパターンとなってしまいます。

しかし、米国にいるときは、「相手の時間や互いの意見」を大事にすることに配慮し、明確に結論（自分の考え）↓具体例（説明・内容）の順で話をするようにしています。トピックベースで簡潔にわかりやすく話を進める対話方法は、米国という文化の中においては、相手の時間を大切にし、ひいては個を尊重するということにつながります。明確に自分の意思を伝えることで、自分に対するリスペクト（尊重）も得られやすくなります。

コミュニケーション（対話）というのは相手があってのことなので、自分よがりの解釈や価値観に頼るのではなく、その文化圏においてはどういう対話方法がベストなのかを常に考えていくべきだと思います。そして、異文化における価値観の違いやものごとのとらえ方の違いについては「正解」はなく、だからこそコミュニケーションのギャップを埋めるための対話が不可欠なのだと感じています。

◆「ホクレア号航海　回想記」

池田恭子（立教大学大学院生）

ある雑誌にあった、ホクレア号の記事。そこに書かれていたのは、ナイノア・トンプソンという先住ハワイアンの血を引く男性が、〝Wayfinding〟（伝統航海術）を学び、そして、先祖の来たタヒチ - ハワイをつなぐ海の道を伝統航海カヌー「ホクレア号」で渡る航海を成功させるまでのストーリーだった。

私の心は、ただただそのストーリーに惹かれた。そして二〇〇六年の一一月、導かれるように行ったハワイでナイノア・トンプソンに出あい、二〇〇七年一月に始まったホクレア号のミクロネシア - 日本への航海へ参加させてもらう運びとなった。五年前、暗闇に立ちすくんでいた私は、このようなことになるとは夢にも思っていなかった。五年前に始まった内面への旅が、ひとつの区切りを迎え、新たな旅が始まろうとしていた。

二〇〇七年五月一六日、私はホクレア号の日本航海に参加すべく福岡に向かった。マリーナに着き、私はすぐホクレア号に会いに行った。海に浮かぶホクレア号は美しく、胸が熱くなった。自分がいま、ホクレア号を目の前にしていること、これからこのカヌーに乗って航海に出る、ということが信じがたかった。五年前、内面の旅へと私を誘い、そして、未知なる海へと漕ぎ出す勇気をくれたホクレア号。気づくと私は、こんなにも「自分」に近くなっていた。ホクレア号への感謝の気持ちでいっぱいだった。

ホクレア号に乗っての航海が始まった。早朝の出航後、やがて空が白んでくる。料理担当者が朝食を作る。次の見張り当番のグループが起きだしてくる。朝のこの時間は、みな口数少なく、ただただ海を眺めることが多い。太陽が昇ってくる。見張り番のグループでない人も起きだしてきて、カヌーの上に活気が出てくる。仕事のない人は、それぞれ思い思いの場所に腰を下ろし、写真を撮ったり、日記を書いたり、談笑したりしている。自然発生的にだれかがギターを弾きはじめる。するとそのハーモニーにそっと重ね合わせるように、ウクレレを弾くもの、歌をうたうものがでてくる。海が穏やかなときは、このようにカヌーの上には音楽が絶えない。

カヌーの上では空間が限られている。全長約一九メートル、幅五メートルの小さなカヌーに約二〇人（最大）のクルーが生活している。プライバシーなどはないも同然。また、カヌーの上では、食料や水などの資源も限られている。そのような、さまざまな制限の中、クルーは船を前に進めるための作業を共にしていく。実際にカヌーの上で生活をしていると、そのような状況の中、どうすれば心地よく生活できるかが見えてくる。だれも「舟の上での価値観」について教えてくれたり、話したりはしない。けれど、小さい空間の中では、すべての関係が密につながっていて、その関係性の中での自分の言動のもつ影響力が如実に見えてくる。そんな中で、カヌーの上での行動の指針となる価値観が築かれていく。

おそらく、「関係性を感じることができる」ということが鍵なのだと思う。いい関係だけでなく、ときには困難な関係も含んだ関係すべてが、カヌーという小さな世界に凝縮されている。逃げ場のないこの空間において、自分を自分たらしめる、この関係性にどう働きかけていったらよいのか。また、いやでも自分に影響を及ぼす人間関係、カヌーの状態などを常に考え、行動に移し、その反応を感じ、必要ならば行動を変える。このような繰り返しがカヌーの上では行われる。

今回の航海において、一番印象に残った船長からの言葉がある。それは、私が何気なく発した言葉を受けてのものだった。ある日、私はふと航海後の自分の生活に想いを馳せた。二九歳にもなって親もとに住んでいる自分に、少し恥ずかしさを覚えていた。そして、言った。「早く自立しなくちゃ」。この何気なく発した私の言葉を、尊敬するチャド船長はただ沈黙で迎えた。そして、ゆっくりとこう言った。「恭子、いま言った言葉は本気で言っているのか？」私はわけがわからず、返事ができずにいた。そして船長はこう続けた。「いまの恭子の言葉が間違っているというのではない。ただ、恭子がまるで追い立てられるかのようにその言葉を言ったことが、引っかかるんだ」「恭子は本当にいま言ったことを信じているの？」

そして、さらに続けた。「ポリネシアでは、人間はひとりでは生きていけない、ということを学ぶと成人と見なされるんだ。西洋では自立が成人の条件とされるが、ハワイでは違う。自分が多くの人との関係性の中で生かされているということを学ぶことが、成人と見なされる条件なんだよ」「どちらが正しいと言いたいのではなくて、自分はどの価値観をもっているのか、それを知ることが大切なんだ」「だから、これから自分が発する言葉には気をつけなくてはいけない。何気なく発する自分の言葉に、人間は縛られてしまうものだから」

これまで自分を縛っていた「自立」という言葉が想い起こさせるイメージ、そこから一気に解放された気がした。カヌーという空間では、自分の存在を関係性の中で感じる。そして、自立する（自ら立つ）ということさえも、実は自分という存在を包み込む関係性の中にしか存在し得ないことを知った。

私はこのチャド船長の言葉に、ある言葉が表さんとしているものに自分なりの理解をもつことの大切さを教えられた。そして、自分にとって軸となる、「しっくりとくる」価値観を知ること、気づくこと、再発見すること、の大切さを教えてもらった。

長い間わからなかったこと。それは、ホクレア号のクルーがなぜ、決してカヌーを見たいという人を拒まないのか。なぜ、航海の前に行う祈りの儀式の輪の中に、その場に居合わせた見ず知らずの人を自然に迎え入れることができるのだろうか。「彼らのそのようなあり方、とはどこから来るのだろうか？」航海が終わりに近づいたある夜、私は二人のナビゲーターにこの質問を投げかけた。二人は声をそろえてこう言った。“That is the only way to live.”「それ以外に共に生きていく方法はないから」。他者、異なるものを関係性の中に取り込んでいくこと以外に、カヌーの上で生きていく方法はない、ということだろうか。確かに、出航前の神聖な儀式の輪の中に迎え入れられ、手をつなぎ、祈りを共に捧げるという場に居合わせた人の表情には、それまでにはなかった何かが生まれていたことには気づいていた。それが何なのかは、言葉ではなかなか言い表せないが、それは、「途絶」していたつながり、または「あきらめかけていた」つながりが取り戻された瞬間に生まれた希望なのかもしれない。驚き、そして感動にも似たその心の動きが、迎え入れられた人々の顔にはあった。その表情には、人間の命の輝きがあった。

カヌーという小さな空間で航海を続けているベテラン航海士たちは、この命の輝きをたくさん見てきたに違いない。人が人を受け入れるとき、そして、人が人に受け入れられるとき、そこに生まれるエネルギーを彼らは感じてきたに違いない。だからこそ、確信をもって「それ以外に共に生きていく方法はないから」と言えたのだろう。

◆「フィンランドの社会・学校での対話体験」

山田祐子（立教大学大学院文学研究科教育学専攻）

大学時代からアメリカやインド、タイ、フィンランドなどの各国で教育現場に入り、現地の子どもたちに日本語を教えたり、交流したりする機会をもってきました。

なぜ世界の国々で実際に教育現場に入ろうと考えたかと言いますと、そのきっかけは、大学一年生の夏休みにブルガリア共和国で、同世代の若者がヨーロッパ各国を中心に集まった国際ボランティアに参加したことでした。ボランティア活動以上に大きな衝撃だったのは、海外の同世代の若者に出あったことでした。「外国に行ったら自分からしっかり主張していかないと」などと多くの人に言われて日本を出てきてはいたものの、彼らには圧倒されてしまうばかりでした。集合時間に一〇分以上遅れてくることは当たり前、英語で交流でき、自己主張できることは当たり前……など、彼らと共に過ごした二週間はほとんど毎日が、異文化との出あいでした。

二週間の同世代の若者を通して多くの異文化を体感したことで、海外に行くというだけではなく、そこで出あった人々とどのように過ごし、どのように自分を成長、変化させていくかが、今後の自分にとってはとても大きな課題であることに気がつきました。しかし、それは簡単なことではありませんでした。日本の学校文化の中で育ち、日本人にとって「よい」コミュニケーションの方法のみを身につけていましたので、海外の学校では通用せずに、はじめのうちは「なんでわかってくれないの」と憤りを感じるときさえありました。学校文化が有している教育観や教師像、そしてあるべき児童像などは、それぞれの国によって大きく異なっていました。

現在、フィンランドで教育インターンを行っていますが、この日々の学校生活の中でもさまざまな葛藤を経験しました。なかなか受け入れてもらえない教師たちの存在です。私は自分から積極的に活動するようにしました。

授業のリクエストはなくとも授業のアシスタントを積極的に行ったり、フィンランド語で行われる授業を完全に理解することはとても無理なのですが、授業観察をさせてもらったりして、それらの学級の教師と児童がどのようなことを大切にしているのかを肌で感じるように心がけました。言葉以上に行動で考えを示すことが、相手に自分のことを理解してもらえるきっかけになったりします。そこで、まずは行動でそれらの教師に寄り添えるように努めました。

そのような活動を続けていくうちに、私の授業にはあまり積極的に関心を向けていなかった教師も、少しずつ変容が見られるようになりました。「子どもがアートで折り紙をやってみたいと言っているんだけど、できる?」とか「今度うちのクラスの授業をもってみたい?」と聞いてくれるようになりました。これらはとても大きな変化でした。気づいたことですが、私の授業にあまり積極的に関心を向けていなかった教師も、実は英語が苦手であるから、日本について教師自身もあまり知らないから不安だったなど、少しのことでなかなか「日本人」という異文化とかかわっていこうとできなかったのです。

それらの教師の背景を知ったときには、むしろありがたく感じました。それは、私を結果的には受け入れてくれたということに加え、私自身にとっては対話そのものを行っていくことが難しい相手とどうしたら対話していくことができるかということを、自分なりに考えるきっかけをもつことができたからです。これは、フィンランドだからこそできた経験でした。

対話というものについて考え（これは海外の人々との対話に限ったことではないと思います）、人と対話をすることで新しい何かを生み出そうとするときには、私はまず相手を受け入れる姿勢をもつことが大事であると考えます。最初から、相手を受け入れることなしに敵対していては、相手も話を建設的な方向へもっていこうとはしないと思います。

それは海外の人々でなく、日本人同士であっても、お互いの有している文化背景やそこから形成されている価値観は人それぞれ異なりますので、そこから対話をしていこうとするためには、相手を受け入れるという姿勢をはじめからもつことがなにより大切だと感じました。それは言葉だけではなく、私の体験のように行動で示していくことも、ときには大切であると思います。そうしたことで、私は対話を通して相手とわかり合うという経験もできました。私の経験では、たとえ対話を通して意見の絶対的な違いや葛藤が生まれたとしても、相手を受け入れる姿勢をはじめからもっていれば、その事実すらも受け入れることができました。

◆「NGOの難民教育支援活動に参加して」

杉村由美子（立教大学大学院生）

ロシア軍によるチェチェン攻撃で、多くのチェチェン人が南の国境を越え、アゼルバイジャン共和国の首都バクーへ逃れてきました。二〇〇三年当時、その数は約一万人（推定）。バクー市は人口一六〇万を抱えるコーカサス地方で最も大きな都市であり、居住人口比率からいうと彼らは小さな存在でした。そして、小さな存在であるがゆえに、さまざまな差別を受けていました。たとえば、難民認定が受けられない、子どもは学校へ通えない、不法滞在状態の人々はまともな仕事にありつけない、などです。

このような状況の中、一部の教育関係者（彼らも難民となって逃れてきた人々です）が、自力で学校をつくろうと活動しはじめました。「このままでは、子どもたちが何も学ばないまま成長してしまう」という危機感を抱いて。当時私が参加していたNGOは、このような難民のための学校にかかわるチェチェン人から支援の要請を受け、支援の可能性を調査するために、現地に向かったのでした。

難民といってもさまざまです。砂漠や荒野のキャンプで着のみ着のままテント暮らししているわけではありません。バクーにいるチェチェン人難民は、市中の空いている部屋を借りて暮らしています。彼らは一見、普通に服を着て、普通に生活しているように見えました。

とある難民が自力で運営している学校に行ったときのことです。用事を済ませたあと、「お腹すいたでしょう？　何か食べましょうよ」といって、お茶と目玉焼きとクッキーを出してくれました。チェチェン人の文化では、お客様を大切にしています。あるだけの物を使って精いっぱいのおもてなしをしてくださったのでした。また、私たちがその学校に支援を決定すればお金が学校にもたらされるわけですから、計算が働いたのかもしれません。

こんな出来事もありました。別の難民学校での出来事です。その学校の職員さんと、支援金の使い方をめぐって大げんかになりました。こうしたお金をめぐるトラブルは、現地で活動すれば日常茶飯事です。彼らの要望どおり私たちも支援をしたい、けれど、私たちには予算の限度があります。当然、断らなければならないことが出てきますから断ったところ、その職員さんは怒って、「私たちは戦争で何もかも失ってしまったのに！　あなたたち日本人は戦争を体験していなくてお金があるんだから、お金を出すのは当然じゃない！」と言いました。

当時の私は、この発想に驚きました。支援はいつもありがたく受け取ってくれるものだと勘違いしていたのです。上から彼らを見ていました。彼らの立場に立って見るということができていませんでした。バクーのチェチェン人社会では、日本人だからお金をもっているだろう、という発想によく出あいました。このように、チェチェン人側も、日本人側でも、思いこみや都合のよい解釈がどんどんふくらみ、実際の状態はまるで違う、ということがありました。

思いこみにより、日本人とチェチェン人の間の理解がうまくいかなかったこともありました。表面上はつながっているようで、実は途絶していた、という状況です。こうした関係の途絶を修復するには、やはり同じ場所にいて対話を重ねる必要性があります。

その後、難民学校はさまざまな紆余曲折がありながら、現在は「アゼルバイジャン人学校について行けない子どもの受け入れ先」「民族意識を保持する場所」としての機能を有して現存しています。これは二〇〇三年の一一月に訪問した学校で起こった出来事です。私は、小学校一年生ぐらいの子ども向けの書き取りクラスを見学していました。課題を終えた子が私に「日本語で（ぼくの・わたしの）名前を書いて！」と話しかけてきました。彼らが書いたキリル文字の名前のそばに縦書きの日本語で名前を書いてあげると、みんな大喜び。すぐに、何人もの子どもが興味津々で集まってきました。

その中に、七歳ぐらいの女の子がいました。私の前で、自分の名前を見られないよう手で隠すようにして書いてくれたのですが、文字がひどく崩れていて、読めませんでした。日本語に直せず困っていたら、その子より年下の男の子が「これ、（文字）間違えてるよー」と指摘し、別の年上の女の子が「書き直していい？　書くわね」といって、書き直してくれました。するといきなり泣き出してその場から飛び出していったのです。あわてて後を追いかけたら、電気のない部屋で一人ぼっちで泣いていました。先生に事情を説明したところ、彼女はいままで学校にちゃんと通えてなくて、最近通いはじめたこと、自分の名前がまだきちんと書けない状態であると教えてもらいました。書けないなりに一生懸命自分の名前を書いた。でも私に伝わらず、お客さんの前で間違えていると年下の子から指摘されてひどく傷ついてしまったのでした。先生が彼女をぎゅっと抱きしめて、「大丈夫、ちゃんと勉強したら名前も書けるようになるからね」と慰めてくれました。

いまでも軽はずみな、うかつなことをしてしまった、という気持ちがあります。よく考えて行動するべきだった。あの女の子にもうちょっと配慮してあげたら……まだちゃんと名前が書けないなりに一生懸命書いてくれた女の子の気持ちを思うと、いまでも何ともいえない気持ちになります。

「喪失」も「途絶」も、このとき女の子の中にありました。その子を抱きしめ、対話することで女の子の心に橋を架けたのは先生です。ワールドワイドな対話力とは、個人が抱えている孤独、つまり関係の喪失や途絶をよく理解し、孤独を汲み取って自分と相手との間に関係を構築していくことではないかと思うのです。バクーで出あった先生方は、強烈な危機意識をもって働いておられました。何とかして子どもたちの「喪失」や「途絶」を乗り越えさせたい、橋を架けたい。「喪失」や「途絶」を乗り越える力をつけるには、ふれあうこと、対話を重ねることが大切なことなのだと、私は考えています。

◆「アジア学院での研修を通して」

岡本恵美（立教大学大学院生）

あるリサーチワークショップに参加した。このリサーチワークショップは「アジア学院」と呼ばれる栃木県那須塩原にある施設で行われ、私は三日間のそこでの講義に参加した。アジア学院とは、一九七三年に設立された国際人材養成機関であり、アジア・アフリカ地域の農村地域の民間開発団体（NGO）から、その土地に根を張り、その土地の人々と共に働く〝草の根〟の農村開発従事者を研修生として招き、九か月の研修を通して自国のコミュニティの自立を共にめざす指導者を養成している。この学校には約三〇人の男女が研修しており、文化、習慣、価値観などの違いを尊重し、公正で平和な社会の実現のために、実践的な学びを行っている。アジア学院のモットーは、「共に生きるために That We May Live Together」である。

今回、私はアジア学院で、ラオスから来ているフォーンサワンさん（二九歳）に二時間のインタビューをすることができた。彼女は、ラオスの首都ビエンチャンにある女性職業訓練センターに勤務している。結婚し、五歳になる一児の母でもある。彼女は英語をあまり話すことができない。アジア・アフリカ地域の異文化圏から来日した者同士が、スムーズにコミュニケーションをとり、日々の生活を共にするのは容易なことではないだろう。その上、国が違えば、文化、習慣、信条、宗教、価値観も同じはずがないのだから。しかし、彼女はアジア学院での生活をはじめて三か月、研修生同士のコミュニケーションの問題はあまりないのだと笑顔で言った。英語が苦手な彼女はいったいどんなコミュニケーションをとっているのか、非常に興味深かった。言語が通じなければ、ボディランゲージ、フィーリングで心と心によるコミュニケーションをすればよいだけよ、彼女は微笑んだ。

では、心と心のコミュニケーションとはいったい何であろうか。アジア学院では研修生たちは、人の命を支える食べ物を有機農業で栽培し、家畜の世話などのファームワークを一貫することを通して、生きることを一緒に実感し、皆が同じ気持ちをシェアしている。私もアジア学院で二日ほど体験した家畜の世話は、日常の仕事としては決してたやすくはなかった。食物の栽培も家畜の世話も、命あるものを扱っている。それらの作業を通し、仲間と一緒に協力し、励まし合い、笑い、感じ、共に分かち合う。

ときには研修生同士で問題が発生することがあるという。その場合は、月に一度ある会議(オープンダイアログと呼ばれている)で意見交換をし、納得ゆくまで議論する。カメルーン出身の青年は、あるドイツ人とのちょっとしたいさかいで、友情関係が悪くなったという。そんなとき、この会議で自分の気持ちをはっきりと述べ、ドイツ人の研修生と肚を割って話し合い、快く問題を解決したと語った。ときに他人に合わせられるときは譲歩する。常に寛容な心で、他人にやさしい気持ちをもつ。自分自身を認め、そして違いを認め、それらを受け入れる。自分の問題だけに目を向けるのではなく、他人にも同じ気持ちをもって接し、助け合う。そして、自分も相手も「共存共栄」するために変わらなければならない、という意識をもつ。肯定的に前向きに考える発想の転換も大切である。また、相手の個人的な事情にはあまり深くかかわらないなどの暗黙の規則をわきまえ、相手を思いやる気持ちも大切である。

インタビューをしたフォーンサワンさんは、聡明であり、とても明るく寛容な方だ。「深くは考えない、ストレスはためない、なによりも物事は楽しみながらやらなくちゃ!」それが彼女のモットーだ。インタビューを終え、非常にすがすがしい気持ちになった。彼女の話から、「助け合い・思いやりの心」を、日本でのあわただしい生活の中で忘れてきている気がした。忙しい日本での生活で自分さえよければいい、個人主義、親身ではない助け合いが身についてきてしまっているようで、ハッとした。このままではいけない、「助け合い・思いやりの心」をとり戻して人に接しよう、それが共生・共創による市民社会構築につながるのであるから。

◆「語ること・受けとめること（ドイツ）」

福山文子（横浜移民資料館研究員）

外国人敵視（Fremdenfeindlichkeit）という言葉など知らないまま、六か月の長女を連れて渡独した先は、日本人が私たち以外だれもいない小さな町でした。ドイツ語がほとんど話せない上に初めての育児をしなければならない私を心配して、一足先に渡独していた夫は、市民学校（Volkshochschule）で開かれている、外国人のためのドイツ語教室と、近所の教会の母子会（Mutter und Kind Gruppe）を探していました。

母子会は、週一回、教会の一室で同年齢の子どもをもつ母と子が集い、子どもたちを遊ばせるというものでした。この母子会には、月に一度子どもを夫に預けて居酒屋（Kneipe）で語り合う、母親だけの〝夜の部〟がありました。話題は夫の育児への協力ぐあい、家計のこと、美味しい白アスパラはどこで買うか、子どもの発達やしつけで困っていること、近所で起こった原発事故やその対策などさまざまで、毎回かなり遅くまで続きました。

初めての外国暮らしで右も左もわからない私にとって、母子会の〝夜の部〟は重要な情報源であり、習いたてのドイツ語を試せる場であり、また互いに母親として、育児に関する悩みを相談したり、聞いたりできる場でもありました。外国人は私だけでしたが、どんなに拙いドイツ語でもみんなじっくり聞いてくれました。また、私が聞き取れないときに何度聞き返しても、だれひとり決してせかしたり馬鹿にしたりしませんでした。私にとって、本当に安心して会話のできる場だったと思います。

もちろん、ドイツ国内どこでもそういう環境であるはずはなく、ドイツ人との対話を通してショックを受けたり落ち込んだりするのは、日常茶飯事でした。たとえば病気の長女を連れて辞書とメモ用紙を片手に小児科へ行けば、何度説明したらわかるの……といった仕草をされました。夜中に緊急入院したキリスト教系の病院で、翌朝シスターに「あなたの神はだれか?」と問われ、術後の痛みと大量に使用されたと思われる麻酔で朦朧とする中、「ブッダを信じている」と返したら、「じゃあ、コーランを読んでいるのね。神は一人、キリストだけよ。キリストを信じなさい」と言われたのも、私にとっては忘れられない経験です。退院まで毎朝改宗を迫られ、しばらくシスターが苦手になりました。

また、当時のドイツはトルコ人をはじめとする外国人や移民に対して、決してやさしい国ではありませんでした。国自体が社会的・経済的に混乱していたことも要因でした。さまざまな侮蔑的な言動を受け、それら納得いかなかった経験をすべてKneipeで友人のお母さんたちに話すことで、私は精神の安定を保っていたと思います。傷つけられたのもドイツ人だったかもしれませんが、癒してくれたのもドイツ人だったのです。お母さんたちが、私の思いを受けとめ、共感し、ときに意見を交えながらも理解を示してくれたことで、私はとても救われました。この経験から私は、だれかに語ること、だれかの思いを受けとめることの力を信じるようになりました。

だれも日本を知らないといっても過言でない小さな町で、私は次々に起こる「事件」に疲れ果てていました。「事件」は二種に大別できるような気がします。一つはストレートに排外的なもの。たとえば外国人の自転車を壊したり、「汚い○○人め！」といった攻撃的な言葉を投げつけるもの。あるいは、町のあちこちの壁に書かれていた「外国人出て行け！」という落書きなどです。もう一つは、外国人とみれば哀れみの対象として括るもの。子どもと歩いていると、子ども服を渡されそうになったり、どこから来たのか尋ねられ、「日本から……」と答えると、同情したように「そう……故郷に帰れないのね」と、言われたこともありました。

自分がそのような経験をすることにより、深く考えさせられもしました。日本に滞在する外国の人々へ自分が向けてきたまなざしについてです。私がドイツで感じた怒りや戸惑いを、だれかに感じさせたことはなかっただろうか。そして、「そう……故郷に帰れないのね」といわれても私たち日本人は、相手の無知に失望しながらため息をつくだけで済むけれど、本当に故郷に帰れないならその言葉をどのように受け取るのだろう。新品でもない服を渡されて、ありがとうと受け取らざるを得ない状況なら、その思いはどのようなものだろう……。

私は、語ることで癒されることを経験しました。語ることができる、信頼できる人たちの存在は大きかったと思います。彼女たちは常に、私の話を誠実に受けとめようとしてくれました。その姿勢に癒されたのかもしれません。自分もいつかだれかに語る相手として選ばれたなら、彼女たちのようにしっかりとその思いを受けとめたいと思っています。

◆「『外国人だから』が通じないニューヨークで――『日本人であること』より『わたし』」

新村恵美（国際ボランティア団体シャプラニール評議員）

中学生のときのブラジル滞在以来、学生時代のブラジル留学、夫の駐在に同行してのイギリス、インド滞在と一年以上の海外滞在は、今回五回目でした。二か月も前の雑誌がもとの数倍の値段で日本人街の書店に並んでいた二〇年前のサンパウロ、電気・ガス・水道の不便さはもとより日本の米や調味料まで持参したニューデリー、これらに比してニューヨークでの生活は便利でした。

居心地のよさを感じながら始まったニューヨーク生活で、三歳の長女は現地の幼稚園に通いはじめました。ほどなく親だけの親睦会があり、夫は都合がつかず私一人で参加しました。新しい人たちと知り合える場に行くのは、海外での楽しみのひとつ。子どものクラスメートの親御さんたちはどんな方たちかしら、と楽しみに出かけて行きました。

一人ずつ自己紹介をして、学校の教育法である「モンテッソーリ教育」の実演などのあと懇親会になりました。ところが、いままでの海外とは違いました。「外国人扱いしてくれない」のです。知らない方と初めて話をするのに、ブラジルやインドにいたときのような、文化や食べ物の話が思想信条にかかわりなく天気の話と同じくらい無難な話題、というのがここでは通じない。スシやハシの話題で親しくなる足がかりができる、というわけにはいかなかったのです。

留学したときのブラジルでは、パーティなどの場で言葉が十分にわからなくて反応が鈍いと、だれかが気づいて「いまの面白い話、わかった？」と、その場にいる人たちの注意を居心地悪そうにしている人にいったん向けてくれるということが必ずありました。続いて「どこから来たの？」「どうしてブラジルに来たの？」「ブラジルに移住しないの？」それをきっかけに矢継ぎ早の質問、「今度うちに遊びに来て。大歓迎よ」とあっという間に輪の中に入れてくれるという経験を、ほとんど毎回していました。

やがて、娘の幼稚園が始まりましたが、しばらく経ったある日、娘を送り出して家にいたときのことです。電話が鳴り、いつも陽気な幼稚園の先生から、深刻な声で「ちょっといま困っています」と言われました。娘が昼寝の時間に隣の子と「なぜか床に落ちていた」豆で遊んでいて、その子の耳に豆が入ってとれなくなった、というのです。相手の子は泣いていて親の迎えを待っていること、娘は口を閉ざしたままで状況がわかっているのかどうかもわからないこと、を伝えられました。「彼女は言葉がまだよく理解できないし話せないので、あなたから聞いてほしい」と言葉のハンディを理解してくれたことに感謝して、すぐに幼稚園に行きました。

娘は私の顔を見るなり「私、お友達の耳にお豆入れてないの」と言いました。先生方の慌て方を見て、自分がその渦中にいることが不安でたまらなかったのでしょう。床でだれかが豆を見つけ、最終的には娘と隣の一歳年上の女の子でこっそり遊んでいたこと、自分が先に豆を耳に入れて出してみたこと、お友達も真似をしたら取れなくなったことを一気に話しました。先生にそれを伝えると、「あなたも危なかったのよ」と娘にやさしく言い、娘たちのしていたことが危険だったことを私からよく言ってあげてほしい、自分も子どもたちによく話すからとのことでした。そして、お友達もお母さんと病院に行くので、結果を知らせてもらうことにして娘と帰宅しました。

家で待っていると先生から、「大丈夫でしたよ」というメールが届きました。安堵し、相手のお嬢さんのお母さんにメールを書こうと思いましたが、その両親とは話したこともなく、実のところどの方かもわかりません。相手の反応を気にすればするほど書けません。何度も書いては消して、を繰り返しました。これまで英語で論文を書いたこともあり、留学時の友達とは英語でメールのやりとりもしています。けれども今回ほど、使う英語の言葉に慎重になったことはありませんでした。このような場では、日本語でも表現の細部に気を遣うものです。そしてその細部から真意が伝わります。まして、不自由な英語ですが、このような状況では外国人だからといって表現の不適切さを大目に見てもらうことなどできません。先方はもしかしたら娘がお豆を耳に入れたと思っているかもしれないという状況でもあります。おまけに訴訟社会といわれるアメリカです。娘を弁護する内容を書くべきかについても迷いました。

一晩考えました。そして、自分の娘に同じことが起こってもおかしくなかった、娘の耳に入って取れなくなったらどんなに娘は怖いだろう、それを見たら私はどんなに心配だろう、と想像しました。相手はきっと本当に心配で、子どもも怖かったことだろうと想像しました。結局、無理のない短い文で、「お嬢さんの耳が無事だったと聞いて、心から安心しました。お子さんはどんなに怖かったことでしょう。あなたもどんなにご心配だったことでしょう」「二人で遊んでいる間にこんなことになって、とても残念です」そして「娘と二人でお嬢さんのことを心配しています。明日、元気なお嬢さんに会えますよう」とだけ書きました。

すると、すぐに返事が返ってきました。メールへの感謝、「二人が遊んでいる間のことだったとよくわかっているので、どうぞお詫びの必要はありません、心配してくれてありがとう」という内容。そして私の娘にも心配しないでと伝えてほしい、彼女もきっと怖かったことでしょう、と書いてくれました。

そのとたん、私の中で固まっていたものがスーッと溶けていくのを感じました。娘と自分を守らなくてはと逆立てていた毛をスーッと下ろしたハリネズミのような気持ちでした。文章では穏やかに書くよう努めたものの、もしかしたら責任を追及されるのではないかしら、医療費を請求されるのではないかしらと心配だったのです。自分たちを弁護するようなことを書かなくてよかった、そんなことしなくてよかった、もしそうしていたらこんな返事はもらえなかったかも、と思いました。

これが、私たちのニューヨークでの生活の大きな転機になりました。家族で友達になりました。近くの公園で一緒に遊んだり、家に行ったり来たりしたり、一緒に人形劇を見に行ったりするようになりました。公園で他のクラスメートや地元のお友達に紹介してくれたりして、娘も私も公園がとても居心地のいい場所になりました。折しも日の長い夏、そのころ生まれた次女も連れて、毎日暗くなるまで遊んでいました。

海外で、今回ほどコミュニケーションに慎重になったことはなかったかもしれません。これまでの海外での生活では、言葉のつたなさから相手に通じずに誤解されていたとしても、「外国人だから少々適切でない表現でも大目に見てくれるだろう」「外国人だからしかたがないと思ってくれるだろう」と甘えていました。どの国にいても、どの言葉でも、相手の立場を考えて心を込めて伝える、そうすれば相手に通じるということも感じました。私はニューヨークでの生活が便利だったために、自分が思った以上の鎧をまとっていたことに気づきませんでした。一つのあまりありがたくない出来事ではありましたが、「無理矢理」鎧を脱ぐきっかけになり、思いのほか分厚い鎧を着ていたのだと感じました。

＊

「言葉を話すと同時に、その人から『発せられる何か』が伝わっていることを意識する必要があります。『発せられる何か』には、その人の人間性が現れているからです。だから、コミュニケーションとは『言葉を話す』ことではなく、『人と人との関係性を築く』ことである」。体験記の最初に掲載した西山昌宏君の文章中のことばです。ここにグローバルスタンダードな対話の基本理念があるように思えます。確かに、利害の対立、発想法、価値観等の違いから派生する、厳しい現実はあります。また、ときには相手に応じた表現方式をとることも必要です。

しかし、対立や違いはあっても、『発せられる何か』を誠実に受けとめ、自分の伝えたいことを発信していくこと、そこから相互理解が深まり、望ましい人間関係が生まれてくる、このことは思惟方式、行動様式、価値観、表現方式は異なっても世界の人々に共通する——本章に掲載した体験記から、こうしたメッセージを受け取った思いがします。そして、それは世界各地で多くの人々と交流してきた筆者の実感でもありました。

旅の途上では、市井の人々のそこはかとない好意に感謝したことがたびたびありました。そして、生涯忘れられない人たちと出あってきました。旅は、人間的なふれあいの素晴らしさを私に教えてくれました。人と人とは共感しながら存在している。響き合ってこそ、明日はより調和がとれたものになる。このことは、拳を握りしめて語らなければならない真実なのです。

付録　対話力アップスキル

ここでは、全国各地の実践研究仲間と共に開発してきた、共創型対話力を高めるために有効であった、さまざまなコミュニケーションスキルを紹介します。紹介したスキルは例示であり、子どもの実態・発達段階や目的に応じて改良してください。なお、聴く、話す、対話する力を高める基本的スキルについては、前著『対話力を育てる』（教育出版　二〇〇六）にも多数掲載してあります。

■ことばの豊かさに気づかせる

◎外国語での読み聴かせ

世界のさまざまな絵本の読み聴かせを現地語で聴く。できれば現地の音楽をBGMで流しながら聴かせる。さまざまな言語のリズム感やイントネーションなどを味わう。また、意味は十分にわからなくても、絵本の世界にひたれる楽しさを体験させる。

◎ことばの豊かさを探す

同じことばでも、声の強弱、場面、相手によって、辞書で引く語意とは異なる多様な意味や、言外の意図を伝えている例を探す。たとえば、日本語の「すみません」「ありがとう」には、英語での"sorry""thank you"の意味だけでなく、人間関係を円滑にしたいとの気持ちが込められている。

■心を開かせる

◎握る・触れる

周囲のできるだけ多くの人たちと握手をする。順に、次の工夫をする。握手をするとき相手の目をじっと見る、自己紹介しながら握手をする、相手にひとつ質問をするなど。

◎感じる

二人組になって向き合う。目をつぶって相手と手のひらを合わせる。相手の手の温もりを感じる。軽く押して、押し返す力を感じる。全部の指で相手の手のひらを感じる。

◎挨拶をしよう

日本の挨拶のしかたを知り、体験する。表情や立ち居振る舞いに注意する。

世界のさまざまな挨拶のしかたを知り、体験してみる。現地の言葉を言いながら行ってもよい。

◎友達になろう

三人のグループをつくる。お互いに握手する。みんなの共通点を五つ探す。一人に他の二人が質問し、得意なこと、好きな場所、苦手なこと、いま熱中していることなどを聴き出す。これを繰り返す。

最後にまた握手しながら、「これから友達になろう」と言う。

■聴く力を高める

◎聴く力を高める基本

聴く力を高めるためには、相手の伝えたいことをきちんと受けとめるための「努力と忍耐」がいることを説明しておく。三分間と時間を予告して、教師が語る。その間、きちんと聴く体験をさせる。

二人組をつくる。一人が「小学校時代の学校生活」について語り、他方が聴く。交代する。聴き手の姿勢や態度が、話者に影響していることを実感させる。

◎質問力を高める――「私は何でしょう」「行きたい国・地域」

二人組になる。じゃんけんをする。勝った人は、動物を思い浮かべる。負けた人は次々と質問し、どんな動物かを追究していく。聴かれた人は「はい」「いいえ」「どちらでもない」で答える。「食べ物」「歴史上の人物」などさまざまなテーマでも行える。

「行きたい国・地域」について質問して、そこがどこかを追究していく。国や地域がわかったら、なぜ行きたいのか、どんなよさがあるのか、いつ行きたいかなどについても聴き出す。

◎自己再組織化・自分の意見をまとめながら聴く力を高める

提言や主張のスピーチを聴いて、話者が伝えたいことをできるだけ的確に把握しつつ、それに対しての自分なりの見解や感想をまとめながら聴く。「～という意見から～と考えました」「わたしは～から～と思いました」などの書き込み用紙を用意しておいてもよい。

◎**要約力を高める**

話者のスピーチは「何がなんだ」「何をどうしたい」と言いたいのかを要約する。

例：新成人のスピーチを聴かせる。話者が聴衆に伝えたかったことを短い文章でまとめる。

まとめた文章を黒板に書き、意見を出し合い比較検討する。

スピーチの要点を、一〜三のキーワードで表す方法もある。

◎**聴く技術**

相手の話を聴き取るには、さまざまな技術があることを知らせる。視線、表情、姿勢、うなずき、あいづち、オウム返し、質問、反論、励ましなど。

二人組をつくる。「わたしの好きな場所」などのテーマについて、話者が語り、聴き手が多様な技能を駆使して、できるだけ話者が語りやすくするとともに、内容を豊かに引き出す。交代する。終わった後、聴き方についての感想を出し合う。

◎**批判力を高めるスキル――「あなたの聴き方は」「批判的な聴き取り」**

三人で組をつくる。Aは「行ってみたい場所」について語る。Bは質問する。Cは聴き方についてコメントする、と役割を決める。AにBが二分間質問し、聴き出す。時間がきたらCがBの聴き方について、「相手が話すまで、もっと待ったほうがよい」「〜を聴く場合は〜と言ってはどうか」などの批評や助言をする。交代する。トピックを変えてもよい。

「批判的な聴き取り」をする。さまざまな話し合いを参観し、話者の発言や意見・提言を批判する。事前に、批判することは相手を尊重することであり、対話力向上に役だつことについて共通認識しておく。批判する際の観点を例示する。
・意見や提言に根拠が示されているか。
・他者の意見をきちんと受けとめてから自分の意見を出しているか。
・発言内容が思いつきに近いか、十分調べた上でのことか
・相手の発言の態度が反対意見の人に対して感情的になっていないか。
・時間に配慮して発言しているか。
・頑なに自己の主張に固執していないか。
発言のしかたや内容、態度でよかった点についても指摘し、感想を述べることもよい。

■スピーチ力を高める

◎発声スキル

音読、朗読、暗唱する作品を発達段階に応じて選び、子どもたちに発声させる。学年ごとに次のような目標を立て、子どもたちに知らせておく。群読や放送劇風など多様な発声をさせる。朝の会や帰りの会、給食の時間などを使う。宿題にしてもよい。
・はっきり発声する。工夫して読む。ことば遊びを楽しもう。
・声を重ねて楽しもう。一人ひとりの声をしっかり出そう。互いに聴き合い工夫し合おう。
・言葉の響きを味わおう。いろいろな声の出し方を楽しむ。
五人程度のチームをつくり、教科書教材の部分を朗読し、相互批評する方法もある。

◎**フィジカルメッセージ――非言語表現の効果**

非言語によるメッセージ力を高める。友達のスピーチを視聴して、歩き方、表情、手のあげ方、位置、服装などの効果を比較する。大統領・首相の演説、ノーベル賞やアカデミー賞など授賞式での受賞者のスピーチの工夫を発見する。

◎**ストーリーメッセージ――内容の検討**

グループに分かれ、順次、自分を印象づける自己紹介をする。どの自己紹介が印象的で、その理由は何かを話し合う。

グループで協力し、「地域の川の美化」をテーマにスピーチを構想する。グループとして聴き手に訴えたいことを検討し、決める。効果的な事例を一人ひとりが出し合う。いちばん効果的と思われる事例を選定する。スピーチ全体の構想を決め、代表者が語る。

◎**メディアメッセージ――補助資料の効果的な活用**

教師が写真・図、実物資料、視聴覚資料などさまざまな補助資料について説明しておく。

補助資料の効果的活用をテーマにスピーチする。事前に、さまざまな資料を準備する。

効果的と思われる資料を使ってスピーチする。友達のスピーチを聴いて、補助資料の効果について話し合う。

◎**お話の「宿題」**

学校であったことを、家の人に話をする。いつ、どこで、何をしたか、そのときのようすを話す。家の人に、質問がないか聴くことにしておく。家の人に聴いたサインをしてもらう。

◎絵の説明

一枚の絵を見て、気づいたこと、感じたことを文章にまとめ、それをもとにスピーチする。

◎心に残ったことを語る。

「最近感動したこと」をテーマに二分間のスピーチをする。出だし、事例、非言語表現、口頭表現、終末を工夫する。聴き手に短い感想を書いてもらう。

◎聴かせたい、いい話

最近あった、ちょっといい話をする。一週間前に予告しておいて、ちょっといい話を探させておくと、だれでも語れるようになる。時間は二分間程度。朝の会や給食の時間を活用する。

◎プレゼン大会

自分がいま伝えたいことを表現する。朗読・スピーチ・演奏・寸劇・実技等々、どのような方法でもよい。表現への勇気・度胸を高めることを目的とする。時間は三分間程度とする。

◎宇宙科学者や学芸員になる

「宇宙の果て」について、科学者になったつもりで小さな子に説明する。説明するために資料を集め、分析し、聴き手にわかりやすい工夫をする。

学芸員になったつもりで、展示品を説明する。提示品を選び、制作された時代・場所、作者、芸術性、歴史的価値などについて事前に調査し、五分以内で説明する。

◎卒業生代表のスピーチ

卒業生代表になったつもりでスピーチを構想する。次のポイントを重視させる。謝辞、未来社会の担い手としての決意や提言、格調の高さ、ユーモアや印象に残る言葉の挿入、持ち時間の厳守。

各自が構想したスピーチをする。ベストスピーチを選ぶ。

大統領や首相になる、生徒会長になる等々、さまざまな想定が可能である。

■対話力を高める

◎キャッチボール――対話の基本の体得

一〇人程度で円形になり、キャッチボールをする。相手を見つめて確認してから投げる約束をする。相手が受け取りやすい投げ方を工夫させる。できるだけ全員が参加できるように配慮させる。車座になって座り、感想を話し合う。ボールの大きさや数を変える。

◎イメージトーク

五人程度のグループをつくる。「平和」「人権」「開発」「環境」といったことを課題として調査研究する前に、イメージをふくらませる話し合いをする。環境→地球温暖化→自動車→便利、あるいは環境→水→生物→犬といったように、思いつくことを次々と書いていく。この活動により、広い視野から課題をとらえたり、自分たちが関心をもち、調査研究する事柄を発見していくことができる。

課題についての作文・論文を書く前、あるいは対話の少しの時間、数人でイメージトークをする活用法もある。これにより一人で考えていたときより、広いイメージをもって書いたり、話し合ったりできる。

◎一人ひとりが話せる機会のある対話――「夏の思い出」「ボランティアとは」

五人程度のグループをつくる。一人が夏休みの思い出を語る。聴いている人は必ず一回は質問することをルールとする。交代して順番に語る。

どんな些細なことでもよいからボランティア体験をさせる。五人程度のグループをつくる。一人が「どんなボランティア体験をしたか」を語る。聴いている人は必ず一回は質問する。交代で順番に語る。全員が語り終わったら、「ボランティアとは何か」について話し合い、グループの考えをまとめる。

◎電話のかけ方、メールのしかた

友達、先輩、先生などさまざまな人々に電話で話す基本を習得する。模擬電話を用意し、ロールプレイをする。聴き方、話し方について相互に批評し合う。

メール文での連絡の方法について知る。相手によって文章を整備する必要を知る。実際に通信して、その文について相互に批評し合う。

◎ニュースをつくろう

ニュース番組を見て、大事なことは何かを知る。五人程度のグループをつくる。自分たちの周辺の出来事をニュースとしてつくる。取材をする、原稿を書く、アナウンサーが原稿を読む、といった放送するときと同じ手順でつくる。各チームの作成したニュースをＶＴＲに録画して本物のニュース番組のように放映する。

◎**地域の世界遺産**

自分の住む地域のよさを調査し、地域の世界遺産としてまとめる。地域の人にインタビューしたり、現地調査をしたりして、「地域のやさしいおばあさん」「橋からみた夕焼け」など、子どもの視点からの世界遺産を決定させる。

◎**映画を使って文化理解を深める（例）**

映画"Seven years in Tibet"を視聴する。西洋人とチベット人の自然観の違いや、大国の力の論理による制圧などの冷厳な現実が描かれているが、作品のテーマ、主人公の生き方、異文化理解の要件などについて論議する。

映画「たそがれ清兵衛」を視聴する。日本社会の特質とされる、タテ社会、恥の文化、腹芸・以心伝心、タテマエと本音について学んでおく。日本文化の特質の現れている場面を発見し、書き出す。グループで話し合い、他の人の発見を知る。現代にも通じる特質についてまとめる。

◎**スチューデントティーチャーになろう**

年長の子が小さな子の学習指導をする。支援をする小さな子の発達段階、学習の内容について調べ、指導の方法についてできるかぎりの工夫をする。グループで体験したことを語り合い、よい指導者の条件をまとめる。

◎**多文化共生マップづくり**

グループに分かれる。調べたい地域を決定する。地域を探訪し、異文化理解の視点から、建物、商売、人などを調査し、地域の地図に書き込み、また写真なども貼り、多文化共生マップをつくる。マップを提示しながら、自分たちの調査してきたことを報告する。

◎議論法を習得する

論理的に対話するための議論の方法を習得する。次の点に留意する。

・自分の意見を主張する。その際、自分の意見を明確に出し、また、具体的な事例や事実、統計資料などにより、主張のよりどころとなっている論拠・理由を明示する。

・他者の意見を聴いて反論する。相手の意見を分析し、反論する。その際、反論する理由・根拠を明確に出す。意見の主張でも反論においても、多様な論拠や理由（異質の多面性）を出せると説得力が高まる。（例：「確かに〜、しかし〜」「次の三点について質問したい」）

・反論への反論をする。相手の反論を分析し、納得するところは認めつつ、疑問点や反対すべき点は主張する。（例：「全体的には納得できる。しかしいくつかの問題点はある」「確かに〜とも言える。しかし根本を問い直すと〜」）

共創意識をもち、解決方法や合意形成に向けての知恵を出し合う。多様な視点からの見解や、部分合意、留保条件、段階的な解決法などを出し合う。

◎特効薬はだれに

論拠を明確にしながら、意見や解決策を出し合う。疫病が蔓延し、生命の危機にあるという状況を設定し、薬害で瀕死の病人、大金持ち、世界一の名医、極悪犯罪人の四人がいると仮定する。その生命を救える特効薬は一錠しかない。だれに薬をのませたらよいのかについて、理由を明確にして意見を出し合う。多様な視点から発想すると、論議が活発になり、深まる。

■多様な立場からの論議できる対話力を高める

◎合意形成を唯一の目的としない対話

多様な立場の人々がさまざまな視点から話し合うことを通して、必ずしも合意形成できなくても、一体感を高めたり、認識を共有したり、知的対話を楽しんだりできる対話を体験する。

〈トピック例〉

・学習塾は必要か
・電車の中でのマナーをよくするには
・コンビニの二四時間営業について
・地域の開発・都市化について
・日本を対話重視社会にするには
・大学での教養科目の減少
・現代における宗教の役割
・漢字運用力の低下について
・地域のエコ対策、バリアフリー対策
・絶滅危惧種の生物を救うには
・小学生に携帯電話は必要か
・アニマルセラピーを普及させるには
・ハンバーガーは食べてよいか
・ニート問題の解決法
・日本に性差別はあるか
・言語とは何か、言語のもつ力を考えよう
・年間三万人を超える自殺者について
・子どもを読書に親しませるには
・いじめをなくすには
・地域の地震対策について

◎対立を克服する四つの方法

対立や異なる意見を調整・調和し、解決への合意形成を促進する対話体験をする。「部分合意」「留保条件」「段階的解決法」「発想の転換」について知っておき、論議の進行に応じて効果的に活用する。

〈トピック例〉

・東京オリンピックの招致について
・小学校での外国語学習について
・制服か私服か
・憲法九条は改正すべきか
・体罰の是非
・環境対策としての炭素税の導入
・世界遺産を観光化すべきか
・死刑制度は廃止すべきか
・生きる権利と死ぬ権利について
・先生は生徒に敬語を使うべきか
・派遣労働者に対する派遣切りの是非
・代理母出産の是非
・南北問題の国内化への対応
・集合住宅でペットを飼うことの是非
・日本は移民を受け入れるべきか
・自殺の是非、死生観の違い
・地球温暖化の解決への取り組み
・日本の安全保障のあり方
・ストリートチルドレンをなくすためにできること
・モンスターペアレントへの対応
・遺伝子組み換え食品の是非
・保健所で処分される動物たち
・裁判員制度は望ましいか
・優先席は必要か
・学校選択制度について
・臓器移植の可否
・米国における銃規制の可否
・クローン技術は必要か
・延命治療について
・人工中絶について
・値下げ競争はよいことか
・薬のネット販売は認めるべきか
・福祉に税金を大幅に注入すべきか
・外国人看護師・介護福祉士の受入れについて
・原子力エネルギーの利用拡大の是非
・海賊対策としての自衛隊派遣の是非
・世界の食糧問題の解決にできること
・少数民族の自決権

・少年兵士をなくすためにできること　　　　・グローバリゼージョンの功罪と対応策
・エベレスト登山に高額を支払う一般人の登山
の是非

◎漁師と農民

川上に漁師、川下に農民が住んでいると場面設定する。漁師は、川の両岸から網を張りわたし、石や棒で魚を追い込む漁をする。このため、川の水が濁り、下流の農民は飲み水に使えず、また農業用水としてもよくなく、対立が起こっている。

この状況下で漁師と農民の双方が合意できる解決策をグループで考える。グループの案を発表させる。

さまざまな案を分類すると、留保条件・部分合意・段階的解決法・発想の転換など、多様な解決方法があることに気づかせる。

■響感・イメージ力を高める

五感を鋭敏にするとさまざまなことが感得できること、響感・イメージ力を高めて他者の心情や本音に迫っていけることを体験する。

◎「海の学校・森の宝物」

海や森などで、目をつむって立ち、頬に風を感じたり、匂いを嗅いだり、掌で太陽の光の温もりを感じたりする。屋上でも、校庭でもよい。足を水につけたり、大地に耳をつけたりすることもよい。

感じ取ったことを書いたり、仲間と知らせ合ったりすると、活動に広がりがでる。

◎「気づいたこと、考えたこと」

日常、なにげなく生活していることを、よく見たり、考えたりすると、大切なことであることに気づく。それをスピーチで語り、文章に書く。数日前から、通学途中や家庭でのことなどを注意して見ておく。

◎江戸の仕草と平成の仕草

江戸の仕草を調べる。さまざまな場面で、他者へのそこはかとない配慮があることを知る。

実際に江戸の仕草を体験し、その結果を報告し合う。現代社会に必要な「仕草」をまとめて「平成仕草集」を協力して作成する。

◎「この人だ」

五人でチームをつくり、一人が目を閉じ、だれか一人と握手する。この人の掌の感覚をできるだけ記憶しておく。目を閉じている人はその後、残りの三人と握手する。最後にアトランダムに握手をし、最初に握手した人を見つけだし、「この人だ」と言う。目を閉じる人を交代する。

◎「センシティブなコーディネーター」

五人程度のグループに分かれる。話しやすい相手とはどんな人か、話し合う。次に、グループでの話し合いで、みんなが発言しやすい雰囲気をつくる人とはどんな人か、意見を出し合う。論議を充実させ、また全員が参加する話し合いをコーディネートできる人の要件をまとめる。

■ワークシートの活用――（次ページ参照）

◎自分の聴き方についての評価カード

◎スピーチアドバイスカード

友達のスピーチを聴いて評価し、またアドバイスする。この活動を通して、自分自身のスピーチの改善点も自覚する。

◎自己変化記録カード

自分の考えの変化を自覚する。

■混沌を生かす

意見が対立し、また、さまざまな意見が出て収拾がつかなくなる体験をする。相手との間にある深い溝に気づき、言葉の無力に傷ついたりもするが、ここを出発点とする心構えをもつ。すぐ解決をめざさないで、一〇分程度時間をとったり、日延べして次の日や一週間後に話し合ったりしてみる。自説にこだわらず、さまざまな視点・角度から考えてみる。すると、混沌がむしろ生きて、新たな見解や解決策を創発することができる。

■沈黙を生かす――自己との対話

沈黙を対話に生かすためのさまざまな体験をする。

スピーチにおける間（pause）、話題・場面の転換時や聴き手に考えてほしいことや印象づけたいこと

<自分の聴き方についての評価カード例>

項　目	評　価 よくできた◎　できた○　もう少し△
話し手の方を見て	
しずかに最後まで	
うなずきながら聴く	
質問を考えながら聴く	

スピーチをしてわかったこと，思ったこと，感じたこと

<スピーチアドバイスカード例>

月　日　組　スピーチ者		評価者			
テーマ					
1 話す態度（姿勢　表情　手の動き，位置）	5	4	3	2	1
2 話し方（間や口調，声の大きさ）	5	4	3	2	1
3 話の内容（メッセージの明確さ，事例の効果）	5	4	3	2	1
4 構成（わかりやすく工夫されていたか）	5	4	3	2	1
5 補助資料（効果的に活用されていたか）	5	4	3	2	1
良かった点	改善した方がよい点				
スピーチを聴いて，気づいたこと	考えたこと				
備考					

<自己変化記録カード例>

最初の自分の考え
話し合いの後の自分の考え
この授業で，わかったこと，自分の考えが変わったと思ったこと

を述べる前のひと呼吸、話し終ったときに余韻を残す短い間を工夫する。

対話においても意図的に「沈黙」を生かす。「沈黙」は、無言ではあっても、ときとして雄弁な意思の表明になり、苦しみ、喜びなどの深い思いを伝え、相手を圧倒し、引きつけ、共感を呼ぶ効果がある。また、相手の意見を咀嚼し、さまざまな情報を集約し、それらを念頭におきつつ自分の見解を再組織化する時間となり、また自己の見解をどのように表現するかの方略を練る時間ともなる。さらに、参加者が互いに感情的になり、論議がかみ合わない場面では、休憩などにより意図的に沈黙の時間をもつことによって、各々の思考が深まり、合意形成への道筋をはっきりさせることもできる。

対話の前に「テーマ」について沈黙の時間をおくと、イメージが広がったり、自分の意見がまとまってきたりもする。

■時間の感覚を鋭敏にする

対話では、自分ばかりが語っているのではなく、相手の語る時間も配慮し、身勝手な長い発言を慎む。複数以上が予定されているスピーチ・報告では自分の持ち時間をきちんと守る。国際会議で「スピーチ制限時間（limit the time of speech）」が設定されるのはこの趣旨からである。時間の観念をもつことの基調は〝タイム イズ ライフ〟であり、相手の人生の時を侵食してはならないとの考え方である。

時間の感覚を鋭敏にするため、次のような体験をする。

制限時間を六〇秒に設定したスピーチをする。発言時間が一分間の対話をする。一〇分間以内に課題についての結論を出す対話をする。「柔らかな線」をテーマに一週間後にスピーチをする。三か月後に、現代社会の問題解決への提言を課題にグループで報告会をもつ。

■教師のコメント力

コメントは、教師が子どもたちの対話力を高めるために支援する具体的かつ有効な手だてである。

教師のコメントには、「広げる」「勇気づける」「位置づける」の三つの役割がある。葛飾区立奥戸小学校が作成した「コメント集」（抜粋）を紹介する。

①「広げる」ためのコメント……児童一人ひとりの発言・発表の意図や感じた内容を的確に全体に伝える。そのことにより、学習がより深まるようにする。

・みんなは、どんなところがちがうのか気がついたかな。
・みんなは、どんなところが同じなのか気がついたかな。
・どうしてそう思ったのかな。
・いろいろな意見をきいて、自分の考えが変わった人はいますか。
・なるほど、よくできましたね。先生も気づかなかった。
・いまの発表に関して、つけたしのある人はいますか？
・よいところに気がついたね。他にもあるのかな？

②「勇気づける」ためのコメント……発言・発表の中にある他の児童が気づかないよさを引き出し、全体に伝える。そのことにより、児童が進んで自分の意見を述べる意欲を伸長する。

・自分の思ったことがたくさん言えましたね。

・発表する内容や順番がよく考えてありましたね。
・よく考えているね。そういう考えもあるんだね。
・初めに話す人は緊張するよね。でも、堂々と話すことができていましたね。
・自分の思ったことを自信をもって言ってごらん。安心して言ってごらん。
・素晴らしいところに気がついたね。びっくりしました。
・すごくいいね。なるほど、そんな考え方もあるね。
・○○さんの話し方はわかりやすかったよ。
・目のつけどころがよかったね。
・笑顔がよかったね。
・自分の言葉でしっかり話せたね。

③「位置づける」ためのコメント……話し合いの基本的なルールを整理し、限られた時間内で有効に話し合いができるようにするとともに、内容がどの児童にも理解でき、活発な話し合いを導く。

・○○さんの言いたかったことは、～ということなんだね。
・友達の考えから新しい発見をしたんだね。
・考えが近いもので、いっしょにしてもいいというものはありませんか。
・これは一つの考え方だね。ここに書いておくよ（板書）。
・○○さんは～と考えたけれど、○○さんは……と考えたのですね。
・二つの意見が出てきたけど、自分の意見と比べてどうかな？

おわりに

八月中旬、本書の初校ゲラを抱えて、山形県各地を旅しました。

山形の旅は、対話の旅でした。そのひとつは学びを創る対話でした。対話研究をテーマに研究実践を展開している山形市の小学校では、先生方と対話型授業の指導案を検討し、「山形南の昔・今・未来」と題する子どもシンポジウムの構想を検討しました。

この旅は、先人と語り合い、再発見する旅でもありました。松尾芭蕉、斎藤茂吉、浜田廣介などの足跡を訪ね、記念館を参観しました。先人たちの歩みを知り、作品を鑑賞し、斎藤にも浜田にも人生上の苦難があり、それが新たな知的世界を切り拓く原動力になっていることに気づきました。芭蕉が踏破した山刀伐峠近郊をしばし歩み、当時の旅の辛苦を想像し、この峠を越えた後、芭蕉の句は新たな境地を示すに至ったとの碑文に納得・共感しました。

旅の途上で、多くの人々と対話しました。大学院時代の友人たちとは、教育界の現状について、人生の生き方について、老後の過ごし方について語り合いました。知的爆発・知的化学変化が起こり、時間を忘れて対話の醍醐味を感得できました。共に旅した同行者との対話は、思考を深め、発想をふくらませ、視野を広げる機会となりました。

出あった山形の人々の親切さと気配りある応対に、心安らぎました。それは、かつて旅した青森、島根、新潟、石川等、雪国の人々に共通した雰囲気・人柄であるように思えました。旧友から尾花沢地域には「ねまる」という言葉があり、気楽にくつろいでくださいという意味だと説明されました。「ねまる」の精神は、旅で出あった多くの人々のそこはかとない配慮から感得できました。羽黒国民休暇村の若い女性従業員の方に、「なぜ山形の人は親切なのでしょうか」と問うと、しばらく真剣に考えてくれ、やがて「おいしいご飯を食べているからでしょう」と、まじめな表情で答えてくれました。瞬時は戸惑いましたが、やがてさわやかな感動が胸に広がり、深く納得しました。

「言葉は人と人とをつなぐ」「対話によって相手と共に新しい世界を創ることができる」――世界を旅し、現地の人々と交流し、実感してきたことでした。山形の旅は、そのことを再確認させてくれました。

世界、そして日本で、人と人との間に途絶と断絶への傾向が強まっているように思えてなりません。こうした時代であるからこそ、厳しい現実を前提としつつも、共に希望ある地球社会を創る仲間としての意識を共有していくことができる、そうした対話力を高める必要性を提唱し続けたいと思っています。

戸惑い、悩みつつも、本書を刊行するに至ったのは、教育出版の阪口建吾氏の「長く読み継がれる、よい本を出しましょう」との励ましによるものでした。前著を刊行以来三年間、支えてくれた言葉でした。記して感謝の念を表します。

二〇〇九年九月　よき友と対話する喜びを日々に感じつつ

多田孝志

著者紹介

多田孝志（ただ たかし）

東京学芸大学教育学部国語科卒業，上越教育大学大学院修士課程修了，東京都小学校・クウェート日本人学校・ベロオリゾンテ補習授業校・目白学園中学・高等学校・カナダ WEST VANCOUVER SECONDARY SCHOOL 教諭等を経て，現在，目白大学人間学部児童教育学科教授，学科長。日本国際理解教育学会会長，日本学校教育学会理事，日本グローバル教育学会常任理事，学習スキル研究会代表。

「教育の真実は現場にある」「あらゆる教育活動は，事実として子どもたちの成長に資するとき意味をもつ」をモットーに，全国各地の教育実践者・研究者たちとともに，21 世紀の新たな教育の創造を目指した活動に取り組んでいる。

〈主な著書〉『光の中の子どもたち』（1983，毎日新聞社），『世界に子どもをひらく』（編著，1990，創友社），『地域に根ざした国際理解教育実践事例集』（編著，1994，第一法規），『ビジュアル世界の地理・歴史辞典』（編集代表，1996，教育出版センター），『学校における国際理解教育』（1997，東洋館出版社），『ユニセフによる地球学習の手引き』（編著，1999，教育出版），『地球時代の教育とは』（2000，岩波書店），『学習スキルの考え方と授業づくり』（編著，2002，教育出版），『飛び込んでみよう JET プログラム』（監訳，2002，東洋館出版社），『地球時代の言語表現』（2003，東洋館出版社），『対話力を育てる』（2006，教育出版），『授業で育てる対話力』（2011，教育出版），文科省委託『国際理解教育実践事例集』（編纂委員長，教育出版，2008），『未来をひらく教育 ——ESD のすすめ』（2008，日本標準）

共に創る対話力

—— グローバル時代の対話指導の考え方と方法 ——

2009 年 11 月 13 日　第 1 刷発行
2012 年 2 月 8 日　第 3 刷発行

著　者　多田孝志
発行者　小林一光
発行所　教育出版株式会社
〒101-0051　東京都千代田区神田神保町 2-10
電話 03-3238-6965　振替 00190-1-107340

印刷　モリモト印刷
製本　上島製本

ISBN 978-4-316-80278-7 C3037